INTELIGENCIAS MÚLTIPLES
en el aula de español como lengua extranjera

RECURSOS PARA EL AULA

INTELIGENCIAS MÚLTIPLES
en el aula de español como lengua extranjera

Herbert PUCHTA
Mario RINVOLUCRI
María Carmen FONSECA-MORA

Primera edición, 2012

Produce: SGEL – Educación
Avda. Valdelaparra 29
28108 Alcobendas (MADRID)

© M.ª Carmen Fonseca-Mora, Herbert Puchta y Mario Rinvolucri
© De esta edición: Sociedad General Española de Librería y Helbling Languages, 2012
© De la edición original en inglés: Helbling Languages, 2005

Directora de la colección: Jane Arnold
Traducción y adaptación del original: M.ª Carmen Fonseca-Mora
Edición: Mise García
Diseño de cubierta e interiores: Alexandre Lourdel
Maquetación: Alexandre Lourdel

Ilustraciones: Pietro Di Chiara, Alexandre Lourdel

ISBN: 978-84-9778-677-5
Depósito legal: M. 11.369-2012
Printed in Spain – Impreso en España
Impresión: Closas-Orcoyen, S. L.

Queda prohibida, salvo excepción prevista en la Ley, cualquier forma de reproducción, distribución, comunicación pública y transformación de esta obra sin contar con la autorización escrita de Helbling Languages. La infracción de los derechos mencionados puede ser constitutiva de delito contra la propiedad intelectual (Art. 270 y ss. Código Penal). El Centro Español de Derechos Reprográficos (www.cedro.org) vela por el respeto de los citados derechos.

All rights reserved. No part of this publication may be reproduced or transmitted in any form or by any means, or stored in any retrieval system of any nature without the prior written permission of Helbling Languages.

*Nos gustaría dedicar este libro a
Howard Gardner,
ya que sin su trabajo pionero
este manual no habría podido escribirse.*

Herbert Puchta
Mario Rinvolucri
M.ª Carmen Fonseca-Mora

Agradecimientos

Agradecemos a Howard Gardner su reacción positiva hacia el contenido de este libro, así como su crítica constructiva.

Asimismo, nos gustaría expresar nuestro agradecimiento a Lucia Astuti y a Markus Spielmann por su propuesta para publicar este libro con la editorial Helbling Languages. Gracias, también, a los colegas de Pilgrims, Canterbury y a muchos otros de talleres realizados de todo el mundo por ayudarnos a comprender mejor la propuesta de Gardner.

Mario quiere darle las gracias a Bonnie Tsai por ser su compañera intelectual a la hora de seguir las implicaciones del trabajo de Gardner en el aula y por proporcionarle información práctica, puntos de vista y consejos.

Herbert le agradece a Günter Gerngross, coautor de varios de sus libros de texto, por ser una fuente de cocreatividad durante muchos años y por su gran inspiración al aplicar la teoría de las inteligencias múltiples en el aula de lenguas extranjeras y a Edith Rainer por transformar la obra desordenada de un aficionado en un todo tipográficamente exquisito.

Carmen le da las gracias a Jane Arnold, catedrática incansable que siempre busca nuevos horizontes para dejar el legado de su trabajo intelectual sobre la dimensión afectiva en el proceso de enseñanza y aprendizaje de las lenguas extranjeras al alcance de la comunidad educativa internacional.

Herbert, Mario y M.ª Carmen

Contenidos

Introducción 13

SECCIÓN 1 ▸ EJERCICIOS GENERALES DE LAS IM

1	Presentación a través de las inteligencias múltiples	31
2	¿Quién me ha ayudado con mis inteligencias?	33
3	De la música a la escultura	35
4	Darle la vuelta a un verso	36
5	Aprender de memoria	38
6	La autobiografía de mis inteligencias	40
7	Secuencia en una historia	42
8	Las inteligencias durante tus vacaciones	44
9	Contradicción	46
10	El recuerdo de los objetos	47
11	Conoce a tu grupo a través de las IM	48
12	¿Cuántos euros?	52
13	Una mirada lógico-matemática a una pintura	53
14	Ejercicio prototipo	55
15	¿Qué inteligencias se le dan mejor a X?	57
16	¿Qué inteligencias usamos cuando leemos?	59
17	Diversión con matemáticas	61

SECCIÓN 2 ▸ ENSEÑANZA A PARTIR DEL LIBRO DE TEXTO

18	De las manos a la voz	65
19	Cambiando el tipo de escritura	67
20	Lectura intensiva	68
21	Haciendo desaparecer frases	70
22	Predicciones pasadas	72
23	Cambiando las voces	74
24	¡Acelera!	76
25	Adivina mi frase	77
26	La habitación romana	78
27	Diálogo cinético-corporal o musical	81
28	Creando viñetas a partir de un diálogo del libro de texto	82

CONTENIDOS

29	Un juego de partes	84
30	¿Musical, visual-espacial o cinético-corporal?	86
31	Puntuación con percusión	88

SECCIÓN 3 ▸ PRESTAR ATENCIÓN

32	Hablar como otra persona	93
33	Múltiples entrevistadores	95
34	Escribir un quinteto	96
35	¿Qué significa?	97
36	El giro de una moneda	98
37	Diálogos con el abecedario	100
38	¿Quién da más preguntas?	102
39	Preguntas dinámicas	104
40	Circuitos interactivos para grupos	105
41	Suponiendo	108
42	La verdad sobre mí	109
43	¿Cuántas preguntas en un minuto?	110
44	Pasando una palabra en círculo	111
45	Chistes visual-espaciales	113
46	Experiencias musicales	115
47	¿Un nuevo ángulo en mi camino a casa?	116
48	Números que son míos	117
49	Cámara humana	118
50	Creando un grupo	119

SECCIÓN 4 ▸ INTROSPECCIÓN

51	Imaginando	123
52	Concentración en el lenguaje	130
53	Cuestionario intrapersonal	132
54	Bajando un río	133
55	Una carretera que no se tomó	135
56	Carta a mí mismo	137
57	Juegos gramaticales internos	139
58	Práctica de la pronunciación interna	141
59	Quince minutos de ayer	143

CONTENIDOS

SECCIÓN 5 ▶ AUTOCONTROL

60	Mis experiencias, nuestras experiencias	147
61	Excelencia en el aprendizaje de lenguas	149
62	Aprender de las circunstancias adversas	151
63	Asumir una dificultad/reto desde otra perspectiva	152
64	La historia de tus ilusiones y de tus sueños	154
65	Aprendiendo a ser tu propio supervisor	156
66	Solucionar el bloqueo en la escritura	158
67	Afirmaciones positivas sobre el aprendizaje de idiomas	161
68	Paseo imaginario (o intuitivo)	163
69	Modelos de resolución de problemas	165
70	Objetivos personales	166
71	Yo soy así	168
72	Responder de otra forma es posible	170
73	Mis limitaciones, mis fortalezas	171

Tabla de contenidos 173

Introducción

Si quiere saber qué son las inteligencias múltiples, lea el apartado 1.

Para un breve resumen sobre la teoría de las inteligencias múltiples, lea el apartado 2.

Si su principal pregunta es: *¿Qué tiene todo esto que ver con mi enseñanza?*, lea el apartado 3.

Si quiere comprender cómo este libro puede contribuir para ayudar a sus alumnos en el desarrollo de sus habilidades, lea el apartado 4.

Si quiere conocer la estructura general de este libro, lea el apartado 5.

APARTADO 1: ¿QUÉ SON LAS INTELIGENCIAS MÚLTIPLES?

Un concepto que influyó mucho el pensamiento occidental del siglo xx fue que los componentes básicos de la inteligencia eran el razonamiento lógico-matemático, la expresión lingüístico-verbal y la capacidad visual-espacial. Este pensamiento se institucionalizó en las pruebas habituales de inteligencia utilizadas en los sistemas educativos occidentales con el fin de incluir a algunos jóvenes en un determinado nivel educativo y de excluir a otros.[1]

En Reino Unido por ejemplo, el 11+, un test lógico-matemático, lingüístico-verbal y visual-espacial, se usaba para separar a los jóvenes de 12 años altamente capacitados del resto, para que así el 20% del primer grupo pudiese ir a las escuelas estatales de élite *(grammar schools)* y los demás, es decir, la mayoría, fuesen a las otras escuelas de secundaria *(secondary modern schools)*. Este censurable sistema que divide a la sociedad sobrevive hoy en día en las zonas más conservadoras de Reino Unido. De modo similar, en 1970, en Chile, el acceso a la universidad dependía de los resultados obtenidos por los candidatos en el Test de Aptitud Académica, el cual se parecía al test 11+ inglés, pero con un nivel más alto. Los profesores que trabajaban con el sistema universitario chileno consideraban que una persona con un resultado de 400 en el test (SUFICIENTE para humanidades) se podía clasificar como «no muy brillante» y que una con un 650 como «inteligente» (SUFICIENTE para medicina). En aquellos años, el dominante y limitado punto de vista

---

1 Uno de los más extendidos es el test de Standford-Binet, que mide cuatro áreas de razonamiento: verbal, lógico-matemático, visual-abstracto y memoria a corto plazo.

INTRODUCCIÓN

sobre la inteligencia no solo se admitía política e institucionalmente, sino que también era aceptado por el profesorado.

El libro *Frames of Mind* de Howard Gardner (1983, Basic Books; versión española *Estructuras de la mente. La teoría de las inteligencias múltiples*, Fondo de Cultura Económica, 1997) cuestionó el concepto limitado de inteligencia expuesto más arriba. Este autor proponía que la inteligencia se dividía en las siete áreas que se citan a continuación:

LA INTELIGENCIA INTRAPERSONAL

Al trabajar con este tipo de inteligencia, nos centramos y actuamos sobre nuestro autoconocimiento, nuestra autorregulación y nuestro autocontrol. Ejercitamos las habilidades metacognitivas.

En este tipo de inteligencia, el horizonte está donde se encuentran las fronteras del *yo*. Esta inteligencia tiene que ver con la felicidad de ser uno mismo y de conocerse y con la conciencia de los propios sentimientos y deseos.

La habilidad para abstraerse y soñar despierto es característica de este tipo de inteligencia.

LA INTELIGENCIA INTERPERSONAL

Gardner (1983) escribe:

> *La principal capacidad aquí es la* habilidad para percibir las diferencias entre las personas *y en particular, en sus estados de ánimo, temperamentos, motivaciones e intenciones. Analizada en su forma más elemental, la inteligencia interpersonal implica la capacidad del niño para discriminar a las personas que lo rodean y detectar sus diferentes estados de ánimo. Las formas más desarrolladas de este tipo de inteligencia se encuentran en líderes religiosos y políticos (como Mahatma Gandhi), en padres y profesores habilidosos, en profesionales al servicio de la comunidad y en terapeutas, orientadores y chamanes.*

La habilidad fundamental de este tipo de inteligencia es la de ser capaz de escuchar lo que parece que los otros dicen (en lugar de nuestra interpretación o distorsión de lo dicho), ser capaz de conseguir tener buenas relaciones con los demás y ser habilidoso para negociar y persuadir.

LA INTELIGENCIA LÓGICO-MATEMÁTICA

Einstein, reprendido por sus profesores de matemáticas por soñar despierto en clase, escribió lo siguiente sobre sí mismo:

> *Vi que las matemáticas se dividían en numerosas especialidades y que cada una de estas especialidades podía absorber fácilmente el corto periodo de vida que nos*

INTRODUCCIÓN

viene dado. En física, sin embargo, pronto aprendí a separar lo que podía llevarme a lo fundamental y dejar todo lo demás, la cantidad de cosas que abarrotan mi mente y que me desviaban de lo esencial. (Gardner, 1983)

El párrafo precedente proporciona un claro ejemplo sobre la inteligencia lógico-matemática. Einstein utiliza escasas palabras para expresar conceptos complejos con una gran claridad. Este tipo de inteligencia se puede asociar con el «pensamiento científico»; se da muy a menudo dentro de la parte analítica de resolución de problemas: cuando se crean conexiones y se establecen relaciones entre informaciones que pueden parecer separadas, cuando se descubren patrones y cuando nos involucramos en planificaciones, prioridades y sistematizaciones.

LA INTELIGENCIA LINGÜÍSTICO-VERBAL

Mediante la escritura yo existía... Mi bolígrafo se deslizaba tan rápidamente que a menudo me dolían las muñecas. Tiraba los cuadernos escritos al suelo, me olvidaba finalmente de ellos, desaparecían... Escribía por el mero hecho de escribir. No lo lamento. Si me hubiesen leído, habría tratado de gustar, me habría vuelto maravilloso. En la clandestinidad, era auténtico.

Jean-Paul Sartre escribió estas líneas sobre sí mismo a la edad de nueve años y en ellas describe un aspecto de la inteligencia lingüístico-verbal, una inteligencia que está sumamente preocupada por la forma.

Los buenos comunicadores son personas con una inteligencia lingüístico-verbal bien desarrollada, ya que poseen la capacidad de utilizar el lenguaje oral y escrito de forma eficaz y creativa.

LA INTELIGENCIA MUSICAL

La inteligencia musical es la primera que se manifiesta en el ser humano. Estudios médicos avalan que los fetos a la edad de cinco meses son ya receptivos a estímulos musicales externos. Los elementos centrales para procesar un estímulo sonoro como música son la melodía y el ritmo, es decir, la recepción de «sonidos emitidos con cierta frecuencia auditiva y agrupados según un sistema prescrito» (Gardner, 1993: 104).

Compositores y cantantes son ejemplos de personas que tienen muy desarrollada esta capacidad. La música ha sido utilizada en las clases de lengua porque facilita el desarrollo de la expresión y comprensión lectoras y de la adquisición de vocabulario, ayuda a la pronunciación y actúa como elemento desinhibidor en el proceso creativo de la escritura.

INTRODUCCIÓN

Las líneas siguientes expresan lo que una persona con una inteligencia musical muy desarrollada podría sentir en una clase de idiomas de principios del siglo XXI:

Quiero encontrar melodías para las partes de cada unidad.

Tengo derecho a usar mi Walkman en las partes de lectura y escritura de las lecciones.

Tengo derecho a escuchar música que me relaje.

Tengo derecho a escuchar música que exprese mi estado de ánimo.

Tengo derecho a la música para aligerar mi trabajo con los idiomas.

LA INTELIGENCIA VISUAL-ESPACIAL

Imagínese a sí mismo parado delante de un gran edificio que conoce bien, como un teatro, una piscina, o un centro de ocio. Preste atención a la relación entre el edificio y el espacio exterior. Cierre sus ojos. *Mentalmente* entre en el edificio, permanezca parado una vez que esté dentro y preste atención a lo que puede oír y cómo percibe el espacio que le rodea –la temperatura y la sequedad o humedad del lugar–. Ahora mentalmente abra sus ojos y mire alrededor. ¿Qué formas percibe? ¿Qué colores? ¿Y cuál es el papel de la luz y la oscuridad aquí y allá dentro del espacio?

Gardner presenta la inteligencia visual-espacial principalmente dependiente de nuestra habilidad para ver, aunque para algunas personas la percepción del espacio puede producirse a través del tacto –como es el caso de muchas personas ciegas–, a través del sonido –el mundo del eco, como el de los murciélagos– y a través de la conciencia somática. Nosotros mantenemos que la percepción del espacio es multisensorial, incluso aunque, en muchas personas, el aspecto visual predomine.

¡Si usted ha sido capaz de seguir fácilmente y con agrado las instrucciones sensoriales propuestas, significa que su inteligencia visual-espacial funciona bien!

El lenguaje utiliza el pensamiento visual-espacial cuando describe el tiempo y otros conceptos en términos de espacio:

dentro de tres días
en dos horas
tan pronto como tú...
más allá de los límites aceptables
bajo ninguna circunstancia

Es posible que el espacio sea el principal dominio metafórico *conectado* con el lenguaje para explicar un amplio rango de conceptos básicos.

INTRODUCCIÓN

Se esperaría que los controladores aéreos, arquitectos, paisajistas, ingenieros civiles y escultores tuviesen muy desarrollada la conciencia visual-espacial, como es claramente el caso de Henry Moore:

> *Él piensa en la escultura, independientemente de su tamaño, como si la estuviese sujetando en el hueco de su mano completamente cerrada; mentalmente visualiza una forma completa en todo su contorno; él sabe, mientras mira a un lado, cómo es el lado contrario; él se identifica a sí mismo con su centro de gravedad, su masa, su peso; él se da cuenta de su volumen y del espacio que su figura desplaza en el aire. (Gardner, 1983)*

LA INTELIGENCIA CINÉTICO-CORPORAL

¿Ha visto alguna vez a un jinete árabe sobre su montura, hombre y bestia como un único animal? Está en total armonía con su caballo. ¿Ha visto alguna vez a un niño de diez años ejecutar una *kata* de Aikido de 50 o 60 movimientos, con una precisión absoluta, ritmo fluido y sin la menor duda?

Gardner sugiere que:

> *Una característica de esta inteligencia es la habilidad para usar el propio cuerpo de un modo altamente diferenciado y diestro, tanto de forma expresiva como con el propósito de alcanzar una meta: esto lo vemos cuando Marcel Marceau, el mimo, pretende correr, escalar o levantar una pesada maleta. También es una característica la capacidad de trabajar hábilmente con objetos, tanto los que implican la psicomotricidad fina de las manos y dedos como aquellos que utilizan la psicomotricidad gruesa del cuerpo.*

Para un alumno puede que una explicación lingüística del concepto que se trata sea la mejor forma de dominarlo; sin embargo, para muchos otros, no es ni el camino más directo, ni el más eficaz. Por ejemplo, al presentar un concepto, para que el alumno cinético pueda rendir mejor, hace falta incluir también actividades que tengan un componente de movimiento, de tocar o manipular objetos.

Dos inteligencias «candidatas»

Desde la aparición en 1983 de *Estructuras de la mente*, Gardner ha propuesto dos posibles inteligencias adicionales, la inteligencia *naturalista* y la inteligencia *existencial / espiritual*, si bien ninguna de las dos ha sido suficientemente aplicada en el aula de lenguas extranjeras.

La primera de estas dos tiene que ver con estar en armonía con la naturaleza. Las personas con un alto desarrollo de la inteligencia naturalista suelen disfrutar con actividades como la jardinería y otras que les permiten estar en contacto directo con el entorno natural, el cuidado de animales o el estudio de las ciencias naturales, por citar algunas.

INTRODUCCIÓN

La inteligencia existencial no ha sido descrita en profundidad. Está relacionada con la forma de conceptualizar cuestiones como, por ejemplo, la vida y la muerte, el más allá, los valores humanos o el bien y el mal.

Cuando Santa Teresa de Ávila escribe:

Vivo sin vivir en mí ...
Y muero porque no muero

está expresando algo de la inteligencia existencial o espiritual.

Cuando se reflexiona sobre la riqueza de la experiencia mental que ha sido evocada en las últimas páginas, está claro que las pruebas estándares de inteligencia de carácter restrictivo parecen totalmente inadecuadas. Sin embargo, en la mayoría de los lugares aún dominan política e institucionalmente.

Este libro espera jugar un pequeño papel en la lucha para lograr que las inteligencias múltiples sean valoradas en la sociedad y en la escuela. Y en este libro nos centramos en nuestra área de especial interés: la clase de lengua extranjera.

APARTADO 2: LA TEORÍA DE LAS INTELIGENCIAS MÚLTIPLES

Algunos lectores del *apartado 1* pueden haberse quedado insatisfechos por la simple afirmación de que este o aquel conjunto de comportamientos, habilidades y creencias constituyen «una inteligencia», sin ningún intento de definir lo que podría ser la inteligencia. Por ejemplo, ¿qué se podría hacer para evaluar las afirmaciones de que hay una inteligencia «cocinera», una «golfista», una «superviviente» o una «metafórica»?

Howard Gardner propone una serie de criterios que permitirían a un conjunto de comportamientos, habilidades y creencias ser clasificados como una inteligencia propiamente dicha. Aquí están algunos de ellos:

1. *El daño cerebral puede aislar una inteligencia dada y prescindir de ella*

Podemos hablar de la existencia de una inteligencia como independiente de otras partes del cerebro si tras un accidente el daño cerebral producido deja la inteligencia original relativamente intacta. La existencia de una inteligencia independiente puede también ser demostrada si la infraestructura neural de una inteligencia específica que es destruida deja el resto del cerebro sin dañar. Por ejemplo, el daño del córtex motor del cerebro puede dejar a una persona paralizada, anulando así su capacidad de expresar su inteligencia cinético-corporal, mientras que otras formas de inteligencia mantienen su funcionamiento normal.

INTRODUCCIÓN

2. Cada inteligencia puede tener sus genios

Se da el caso de personas con un coeficiente intelectual bajo pero con habilidades especiales. Se trata de personas aventajadas en un área pero que presentan una discapacidad en otras (reciben con frecuencia el nombre de *savant* o *sabios idiotas*). La existencia de estas personas muestra que una inteligencia dada puede operar a un nivel elevado e independiente de las otras.

Lorna Selfe describe el caso de Nadia, una niña con una inteligencia visual-espacial altamente desarrollada pero con una incapacidad severa para estar con otras personas, un serio déficit en su inteligencia interpersonal. Nadia comenzó a dibujar caballos cuando tenía tres años y medio, caballos que parecían el trabajo de un artista adolescente. «Ella tenía un sentido del espacio, una habilidad para representar aspectos y sombras y un sentido de la perspectiva como el niño más dotado podría desarrollar con tres veces su edad.» (Lorna Selfe, *Nadia: A Case of Extraordinary Drawing Ability in an Autistic Child*, 1977, London Academic Press).

Bruno Bettelheim describe el caso de Joey, el Chico Mecánico, cuyo único interés eran las máquinas; él las desmontaba y las volvía a montar; en realidad, él quería llegar a ser una máquina. Cuando iba a por su comida sacaba un cable imaginario y se conectaba a sí mismo a su fuente de alimentación eléctrica. Joey vivía por completo en su brillante, cinético-corporal, mundo de máquinas, pero era tratado por Bettelheim porque era subdesarrollado en las demás áreas.

El caso de Christopher, un chico con habilidades lingüístico-verbales especiales, es de particular interés, porque muestra tanto el funcionamiento, como las limitaciones de la inteligencia lingüístico-verbal. En una serie de tests lógico-matemáticos para los cuales la puntuación media es 100, Christopher puntuaba entre 40 y 75. A los 20 años de edad, su habilidad para dibujar personas era aproximadamente la de un niño de seis años. Los tests mostraron también que apenas era capaz de aventurar lo que estaba pasando por la mente de los demás. A él y a una niña de cinco años se les mostró una muñeca escondida debajo del cojín de un sofá. Sacaron a la niña de la habitación y escondieron la muñeca detrás de una cortina. Cuando a Christopher se le preguntó dónde era probable que la niña buscara la muñeca cuando volviera a la habitación, él sugirió que ella elegiría el *nuevo* escondite. En el área lingüística, sin embargo, Christopher era un prodigio. Tenía mucha capacidad y habilidad para utilizar varias lenguas distintas: danés, holandés, finlandés, francés, alemán, griego moderno, hindi, italiano, noruego, polaco, portugués, español, turco y galés. Era capaz de aprender a partir de cualquier fuente: un libro de autoaprendizaje, un libro de gramática, un hablante nativo, etc.

Le encantaban los juegos de palabras en cualquier lengua que conociese. Cuando se le pidió que tomase la palabra alemana *Regenschirm* (paraguas) y usando las letras de la palabra original produjese tantas palabras en alemán como pudiese, proponía las siguientes:

mein (mi)
Schnee (nieve)
Regen (lluvia)
Ich (yo)
Schirm (pantalla, sábana, cubierta)

El caso de Christopher, documentado en *The Mind of a Savant* (Neil Smith y Ianthi-Maria Tsimpli, 1995, Basil Blackwell) es especialmente interesante, ya que muestra lo limitada que es la inteligencia lingüística por sí misma, sin ninguna influencia en otras áreas de pensamiento. Al chico se le dio un texto en inglés para traducir a otros tres idiomas. Hizo la tarea de forma rápida y «lingüísticamente» bien, a la vez que fracasó completamente en darse cuenta de que el original estaba sintácticamente fragmentado y no tenía sentido. Cualquier persona operando lógicamente, o de una manera más holística, habría declarado la tarea imposible.

3. *Una inteligencia tendrá unas operaciones nucleares identificables*

Estas operaciones nucleares son desencadenadas por estímulos externos o internos que surgen en un cierto punto del desarrollo de una persona. Un ejemplo de esto sería la sensibilidad inicial a la relación entre diferentes tonos en música, dado que atender al tono es una de las funciones centrales de la inteligencia musical.

Otro ejemplo de una operación nuclear es la habilidad para imitar movimientos corporales, una de las operaciones centrales de la inteligencia cinético-corporal.

4. *Una inteligencia tendrá un proceso de desarrollo o historia*

Cada inteligencia se desarrollará en unos estadios identificables mientras la persona evoluciona desde la niñez a la edad adulta. Puede haber periodos críticos durante los cuales la velocidad del desarrollo aumenta. Si no se reciben los estímulos apropiados durante estos periodos, el desarrollo puede detenerse.

5. *Una inteligencia debe poder codificarse en un sistema simbólico*

Dibujar sirve como un sistema de notación para la inteligencia visual-espacial. La música puede escribirse en papel y ha dado lugar a varios sistemas de notación. El lenguaje es principalmente un código: uno primario oral y uno secundario escrito, siendo el lenguaje de signos un código cinético-visual. Las matemáticas tienen conjuntos enteros de sistemas simbólicos. El ballet puede ser representado simbólicamente en papel, una codificación de un aspecto de la inteligencia cinético-corporal. De las siete inteligencias que propone

INTRODUCCIÓN

Gardner (1983), solo las inteligencias intrapersonal e interpersonal están fuera del alcance de cualquier intento de ser codificadas en un sistema de símbolos.

Aunque la lista anterior de criterios para identificar una inteligencia no es completa, resulta suficiente para ofrecer una idea de cómo Gardner define «una inteligencia». Conforme la neurología desarrolle mejores instrumentos para averiguar lo que está ocurriendo físicamente en el cerebro, tendremos más probabilidades de conseguir evidencias sobre cómo cada inteligencia funciona química y eléctricamente.

Aunque es útil por claridad analítica hablar por separado de diferentes inteligencias, en la vida cotidiana frecuentemente usamos varias inteligencias de forma simultánea. Cuando una persona abre su diario personal para escribir sobre un encuentro que tuvo con un colega, normalmente está solo en su habitación y escribiendo para sí mismo. Está utilizando su inteligencia intrapersonal y su diario es una forma de monólogo interno exteriorizado en papel y, mientras escribe, puede especular sobre el encuentro desde el punto de vista de la otra persona, aplicando así su inteligencia interpersonal. Como la expresión de todo esto se realiza a través del lenguaje, está ejercitando también su inteligencia lingüístico-verbal.

Sentimos que en realidad es extraño que una persona realice una actividad en la que aplique solo una de sus inteligencias. Por ejemplo, mientras escribimos estas líneas de explicación de la teoría de las inteligencias múltiples estamos trabajando con nuestra inteligencia lógico-matemática para organizar ideas y ponerlas en orden, la inteligencia lingüístico-verbal para expresarlas adecuadamente y nuestra habilidad interpersonal para juzgar y calcular su efecto en los lectores.

APARTADO 3: LAS INTELIGENCIAS MÚLTIPLES EN EL AULA

Normalmente, los buenos profesores son entusiastas con su materia. Sin embargo, se encuentran a menudo con que su alumnado no comparte su entusiasmo. Por ejemplo, se ha dicho que solo uno de cada cinco profesores de idiomas era bueno en matemáticas cuando fue alumno. Incluso si tuvo la suerte de tener un profesor entusiasta e inspirador, si fue uno de los cuatro quintos restantes, puede que esto no fuese suficiente para hacerle las matemáticas comprensibles y atractivas. Fíjese en lo que Mark Wahl comenta en su libro, *Math for Humans*, al explicar la manera en la que ayudó a una niña con inteligencia visual-espacial a dar sus primeros pasos para hacer frente a las matemáticas:

> Le pedí que hiciera un dibujo en una ficha grande en el que anotara 8+7=15. Le pedí que pintara en otras cuatro fichas otros datos matemáticos. Cuando volvió, cada ficha tenía un dibujo en el que se podían apre-

INTRODUCCIÓN

ciar los símbolos de una ecuación matemática representando el contorno de los árboles, personas, toallas de playa, etc. Miré su primera ficha y le pregunté:

«¿Cuánto es 8 + 7?»

Silencio. Luego dije:

«Es la escena de la playa» y ella contestó inmediatamente: «15».

Acabó con una baraja de fichas artísticas que pronto crearon asociaciones para cada respuesta sin que yo le tuviera que dar pistas sobre la escena. Mi inteligencia lógico-matemática nunca se podría haber imaginado que su mente hiciera esto, pero no fue necesario: la alumna no tuvo problemas con sus apuntes ni con las representaciones matemáticas gracias a su inteligencia visual-espacial.

Este profesor respetaba bastante los puntos fuertes de la alumna, que iban más allá del pensamiento matemático abstracto y así le enseñaba de una manera que, a la larga, le iba a ayudar a darle sentido a los problemas matemáticos que le proponía. La condujo a la inteligencia lógico-matemática a través de su habilidad visual-espacial ayudándola a ver las matemáticas en la vida real.

Pensamos que puede trabajar como lo hacía Wahl, si se encuentra preparado para insertar en su clase de lengua extranjera de manera sistemática actividades planificadas desde esta variedad de inteligencias:

- En parte, la motivación de su alumnado depende de la manera en la que se sientan «guiados» en su clase y en el sentido que vean a las actividades propuestas. Si su manera de enseñar solo se centra en la lingüística, obtendrá buenos resultados únicamente con una minoría de los estudiantes que controlen esta área. Sin embargo, si usa de forma regular ejercicios como los que se proponen en este libro, se dará cuenta de que los estudiantes cuyos puntos fuertes se encuentran en otras áreas distintas a la lingüística, se sentirán más estimulados, desarrollarán un interés hacia su asignatura y querrán conocer más detalles sobre ella.

- Hablando de manera general, tendemos a considerar como inteligentes a aquellos alumnos que muestran un alto nivel en las habilidades lingüísticas y que por tanto comparten la inteligencia que los profesores de idiomas dominan. Si su enseñanza se centra principalmente en el desarrollo de la inteligencia lingüístico-verbal, puede que vea como inactivos, torpes o desmotivados a los alumnos que dominen otros tipos de inteligencias. Utilizar actividades que recurran a una variedad de inteligencias le puede ayudar a considerar mejor los puntos fuertes de estos estudiantes, que de otro modo permanecerían ocultos. En consecuencia, se sentirán más apreciados por nuestra parte, y más cómodos con lo que logran en la clase de lengua extranjera.

INTRODUCCIÓN

- Aunque es muy complejo predecir qué tipo de proceso mental provoca una actividad determinada en las mentes de sus estudiantes, estamos convencidos de que utilizando actividades como las que se proponen en este libro probablemente se mejore la motivación a largo plazo, algo indispensable por el tiempo que supone el proceso de aprendizaje de una lengua extranjera.

Veamos ahora un ejemplo de cómo enseñar un aspecto de la lengua desde la perspectiva de las inteligencias múltiples.

El tema de la unidad era la puntuación. El profesor dividió la clase de alumnos de 13 años de edad en grupos de seis y le dio a cada grupo un fragmento diferente de una lectura, cada fragmento se dividía en dos párrafos cortos. Se les dio 10-15 minutos para trabajar en el texto y generar un sistema de percusión en el que acordaran sonidos específicos y/o acciones para sustituir los signos de puntuación. En cada grupo, un alumno leía en voz alta el fragmento, mientras que los otros cinco reproducían el sonido y/o la acción. Por ejemplo:

La chica miró hacia abajo, «Te quiero»

LECTOR: **La chica miró hacia abajo**
Los cinco del grupo chasqueaban los dedos al unísono
para representar la coma.
El grupo daba una palmada una vez para representar
que se abren las comillas.

LECTOR: **Te quiero**
El grupo da una palmada dos veces para representar
el cierre de las comillas.

Esta actividad ayudó a los alumnos a darse cuenta de que la puntuación no es algo aleatorio dentro de un texto. Realizaron la tarea utilizando sus inteligencias musical, cinético-corporal e interpersonal. El ejercicio propuesto es mucho más efectivo que las largas explicaciones del profesor sobre la función que tiene cada signo de puntuación.

(Para saber más sobre este tipo de ejercicio, véase la actividad 31). Nuestro primer contacto con este ejercicio fue en la University of the First Age, en Birmingham, RU, en un programa que reflejaba el pensamiento de las IM y que fue dirigido a niños pobres procedentes de los barrios desfavorecidos de la ciudad.

En otro ejercicio que se centra en la puntuación y que recurre a la inteligencia intrapersonal se les pide a alumnos de un nivel intermedio bajo que se escriban cartas breves unos a otros y que escenifiquen los signos de puntuación.

INTRODUCCIÓN

Digamos que Laszlo, un alumno húngaro, decide escribir a Lucía, una compañera de Italia, a la que decidió caracterizar con un signo de exclamación (!). Su carta podría empezar:

> *Querida !,*
>
> *Te estoy escribiendo para contarte que me parece sorprendente que seas capaz de decir algo tan alto y tan claro cuando hablas con otras personas. No, no…*
>
> *No me refiero a tu español, me refiero a la manera en la que expresas tus pensamientos, tus sentimientos,…*

Lo que al principio podría parecer un ejercicio más bien raro, ofrece resultados interesantes cuando se hace con una clase entrenada y de un nivel intermedio compuesta de adolescentes o adultos. ¿Qué están haciendo los alumnos mientras escriben este tipo de cartas? En primer lugar, están expresando cosas nuevas sobre sus compañeros a través de la metáfora y, en segundo lugar, están llevando a cabo una profunda exploración sobre cómo entender y usar ese signo de puntuación. (Para un resumen más completo sobre esta actividad, véase *Letters*, Burbidge et ál., 1996, Oxford University Press).

«¡Pero considero que he utilizado durante años las inteligencias múltiples en mi enseñanza!», pensará usted.

Tiene razón y la tiene en al menos dos formas diferentes:

- Ha estado ofreciendo estímulos con las IM a sus alumnos. Por ejemplo, cuando un profesor recurre a *Drama Techniques in Language Teaching* (Maley and Duff, 1978, Cambridge University Press), pone a sus alumnos a realizar actividades como las de recepcionista de hotel, en la que un voluntario hace la mímica de una frase que los demás estudiantes tienen que adivinar y recrear palabra a palabra con precisión. El recurso es el mismo que usa con las inteligencias cinético-corporal y lingüístico-verbal.

- Independientemente de sus intenciones, sus estudiantes han estado utilizando libremente sus inteligencias de distintas formas en su clase. En este sentido, en su clase ha estado siempre presente de forma inevitable un trabajo completo con las IM.

Este libro le ofrece ahora un abanico de actividades que le permite invitar a su alumnado a usar todas las inteligencias.

Para ilustrar esto, veamos una actividad que mucha gente consideraría como básicamente musical, pero podemos observar las diferentes maneras en las que los estudiantes llevan a cabo la tarea que se les propone:

> Los alumnos se levantan y se reparten por el espacio disponible en el aula. Cierran los ojos. Se imaginan una orquesta enfrente de ellos y se convierten mentalmente en su director. Se les pide que dirijan a la orquesta del

fragmento de la música durante tres minutos. Si no les gusta la música clásica, pueden elegir ser el líder de una banda, una estrella del pop u otra cosa.

Las reacciones de una clase fueron las siguientes:

No podía escuchar música, sino que escuchaba algo que vibraba por mi cuerpo. Me movía y me estimulaba (proceso cinético-corporal).

Solo escuchaba música que provenía de algún sitio por encima de mí… no necesitaba moverme en absoluto (pensamiento musical y visual-espacial).

Sí, había música de fondo, pero era consciente de mí mismo, de mi cuerpo y mi respiración (modo intrapersonal y también musical y cinético-corporal).

El problema eran los violines… estábamos ensayando y no podía lograr que entraran a tiempo. Creo que no les agrado (interpersonal).

Estaba en un valle de alta montaña y había nieve en alguna de las montañas. Sabía que tenía que pasar por el torrente pero no veía ningún puente (visual-espacial).

APARTADO 4:
DESARROLLANDO LAS HABILIDADES MENTALES A TRAVÉS DEL TRABAJO CON LAS INTELIGENCIAS MÚLTIPLES

El objetivo principal de este libro es aportar la riqueza del pensamiento de las inteligencias múltiples a los estudiantes de español como lengua extranjera (ELE), y así acelerar, profundizar y, en general, mejorar su proceso de aprendizaje.

Las personas aprenden idiomas mucho mejor cuando se les permite hacerlo dentro del amplio abanico de perspectivas abordadas por las inteligencias múltiples. Pero hay otro beneficio importante de la utilización de las actividades propuestas en este libro: el desarrollo de una gama de habilidades mentales de carácter interdisciplinar que va más allá de la clase de idiomas para llegar a ser una fuerza positiva para mejorar las vidas de sus estudiantes en general.

Para ilustrar esto, nos gustaría analizar tres actividades del libro, enumerando las habilidades mentales y sensoriales que estos ejercicios pueden desarrollar en sus estudiantes.

El ejercicio 14, *Prototipo*, pide a los estudiantes que decidan cómo de cercanos consideran que una variedad de tipos de ave (águila, colibrí, gallina, gorrión, etc.) están de la idea prototípica de «pájaro». Desde el punto de vista del aprendizaje de idiomas, el sentido de este ejercicio es enseñar o revisar un conjunto léxico de una manera interesante que haga uso de las habilidades lógico-matemáticas.

INTRODUCCIÓN

Pero los estudiantes están trabajando simultáneamente en la pregunta de hasta qué punto un miembro de un grupo pertenece a ese grupo: por ejemplo, ¿en qué medida *sirena, feto, centauro* y *lunático* pertenecen al conjunto «humano»? Este tipo de actividad lógico-matemática ayuda a desarrollar habilidades mentales que serán útiles en otras materias que no tienen nada que ver con el aprendizaje de idiomas.

En el área de la crítica de arte, por ejemplo, el pensamiento prototípico puede aplicarse de este modo: ¿hasta qué punto estos artistas pertenecen completamente al grupo «pintor»: un dibujante, un acuarelista, Rembrandt, Matisse, un grafitero, etc.? El ejercicio lleva al crítico de arte en ciernes a definir lo que entiende que «pintor» significa esencialmente. ¿Cuál es para ellos (y habrá un desacuerdo creativo) el significado principal prototípico de «pintor»?

Analicemos otra actividad, *Cámara Humana*. En este ejercicio, los estudiantes se pasean en parejas, el estudiante A con sus manos en los hombros de B. B anda con los ojos cerrados; B es la cámara de A. Cuando A presiona el hombro de B, B abre sus ojos mientras cuenta hasta tres y «toma una fotografía» de lo que ve enfrente, esto es que guarda la escena en su memoria. A utiliza a B para tomar tres fotos, y después se intercambian papeles para repetir el ejercicio. Al final hacen una descripción, oral o escrita, de las «fotografías».

El elemento lingüístico de este ejercicio es la verbalización de imágenes mentales –pero las habilidades principales practicadas son la aguda percepción visual de la escena y su asignación a la memoria a medio plazo–. Estos tipos de habilidades mentales son necesarias para fotógrafos, arquitectos, diseñadores, creadores de páginas web y muchos otros. Sus estudiantes desarrollarán estas habilidades –vitales en algunas materias– sin ser conscientes de que esto es lo que están haciendo; y así participan en un poderoso aprendizaje secundario.

La actividad *Cámara Humana* también puede ayudar a los estudiantes a hacer tests con mayor confianza, con independencia del área que se trate. Sabemos que los estudiantes con un talento natural para la visualización tienden a hacer mejores exámenes. Hay incluso estudiantes con capacidad fotográfica que pueden visualizar páginas enteras de sus libros de texto cuando se ponen a responder las preguntas de sus exámenes. *Cámara Humana* proporciona una agradable manera de ayudar a los estudiantes a desarrollar su capacidad para visualizar y recordar lo que han visto.

El tercer ejercicio que nos gustaría considerar es *Afirmaciones Positivas sobre el Aprendizaje de Idiomas*. Esta actividad tiene como objetivo ayudar a los estudiantes a moverse desde un estado mental de «No puedo hacerlo» hacia uno en el cual tengan confianza en sus propias capacidades. Los alumnos repiten, e interiorizan, declaraciones positivas sobre ellos mismos cuando el profesor se las ofrece y también crean declaraciones positivas por sí mismos.

INTRODUCCIÓN

La razón para pedir a los estudiantes que interioricen un conjunto de autoafirmaciones positivas es que muchos de nuestros alumnos más tímidos, que no creen en sus propias capacidades, continuamente activan voces internas negativas con las que se critican, diciéndose una y otra vez:

«No creo que sea capaz…».
«Nunca he sido bueno en…».
«Simplemente no soy bueno en…».

Como dice Jane Arnold[2]: «Muchos estudiantes, especialmente los de peores resultados, han estado fuertemente afectados por años de verbalización interna negativa, buena parte de ello en un nivel semiinconsciente».

Las afirmaciones positivas que desarrollan los estudiantes en el ejercicio descrito arriba sirven como ángeles de la guarda para luchar contra estos demonios ocultos, a veces creados por uno mismo.

El ejercicio persigue combatir la creación y mantenimiento de una autoimagen destructiva en relación con el aprendizaje del español, pero funcionaría igualmente bien para cualquier otra materia.

En cierto modo, esta tercera actividad condensa en solo una página y media la filosofía completa de este libro:

«Puedo aprender bien esta materia si utilizo mis fortalezas para ello… Yo puedo».

APARTADO 5:
LA FORMA DE ESTE LIBRO

Si está actualmente trabajando con libros de texto, podría primero ir al capítulo 2. Ahí encontrará ejercicios diseñados para adaptarse al material de las unidades que ya está enseñando.

Este capítulo también saca a la luz la práctica idea de que no necesita seguir secuencialmente el libro de texto: puede haber un fuerte motivo para utilizar ejercicios que vuelven a unidades ya trabajadas y continuar con unidades que tratará en profundidad algunas semanas después.

Podría estar enseñando el mismo material por segunda, tercera, cuarta vez. Así podría darse el caso de que, aunque el libro es nuevo para los estudiantes y están contentos con él, ¡usted estará intentando reprimir sus bostezos! En este caso, las actividades del capítulo 2 le permitirán animar sus horas de docencia sin desviarse de la línea y contenido del libro de texto.

Si quiere hacerse una idea más clara de cómo funcionan las inteligencias, acuda al capítulo 1, Ejercicios Generales de las IM. Podría leer el apartado 1

---

[2] Arnold J (ed.) (1999) *Affect in Language Learning Cambridge,* Cambridge University Press, pág. 17.

INTRODUCCIÓN

de esta introducción y después probar un par de ejercicios del capítulo 1 con su familia o amigos. Podría elegir una de estas actividades:

Las inteligencias durante tus vacaciones (página 44).

Conoce a tu grupo a través de las IM (página 48).

En el capítulo 3 tiene una amplia gama de ejercicios que invitan a los estudiantes a trabajar en su inteligencia interpersonal. Probablemente esté familiarizado con este tipo de actividades comunicativas de otros muchos libros de recursos para el profesor.

El capítulo 4 le ofrece ejercicios atractivos para los estudiantes más introspectivos, a las personas que suspiran un poco cuando se les pide trabajar en parejas ¡otra vez! Aquí tenemos algo para estudiantes con una necesidad intrapersonal importante. Creemos que ha habido una carencia de este tipo de actividad introspectiva, en la cual a una persona se le permite trabajar con el idioma sin que alguien la supervise o que tenga la necesidad de comunicarse con otros. Los títulos de algunas actividades le darán una idea de las propuestas del capítulo 4:

Imaginando

Concentración en el lenguaje

Cuestionarios intrapersonales

Juegos gramaticales internos

La parte final del libro, capítulo 5, Autocontrol, requiere bastante más de usted y de los estudiantes que las actividades de los apartados anteriores. Las ideas de este capítulo funcionarán mejor en grupos que hayan trabajado bastante juntos y en los cuales se haya desarrollado un clima de confianza.

Para acabar, señalaremos que la **DIVERSIÓN** es fundamental en este libro. Estamos de acuerdo con el poeta Schiller, quien dijo que uno es humano en la medida en que puede jugar, y solo puede jugar en la medida en que es humano. Investigaciones recientes realizadas con ratas han demostrado que tras un día aburrido el sueño no contribuye a recordar lo sucedido, pero tras un día estimulante el sueño contribuye a memorizar más hechos. ¿Es realmente importante recurrir a experimentos neurológicos o a un gigante de las letras alemanas para apoyar la certeza de que la diversión es fundamental para un aprendizaje efectivo? ¡Es un hecho obvio!

Sección 1
Ejercicios generales de las inteligencias múltiples

SECCIÓN 1 ▸ EJERCICIOS GENERALES DE LAS INTELIGENCIAS MÚLTIPLES

1 Presentación a través de las inteligencias múltiples

CONTENIDO	La descripción, la evaluación y el vocabulario referente a las IM
IM TRABAJADAS	Todas
NIVEL	Intermedio bajo a avanzado
DURACIÓN	Lección 1: 50 minutos Lección 2: 50 minutos

PREPARACIÓN

Haga una lista con los diferentes tipos de inteligencias e incluya la que se refiere a los elementos y a la naturaleza.

Piense con antelación en una persona que conozca muy bien para «convertirse» en ella y presentarse a la clase. Ha de ser capaz de imitar la forma en la que se sienta a la mesa, en una silla, cómo se levanta, camina, corre, nada, monta en bicicleta, conduce, baila, etc.

Piense en cómo explicar la manera de vestirse de esa persona y practique el tono de voz que tiene al hablar, es decir, si habla despacio o rápido, alto o bajo, de forma continuada o parándose mucho.

Asimismo, piense en la relación de esa persona con el mundo de la música, prepárese para hablar como ella, ya que ha de usar la primera persona.

LECCIÓN 1

1 Pida a los alumnos que se levanten, se muevan por el aula y busquen una pareja con la que no trabajen normalmente. Dígales que formarán pareja durante las 2 próximas clases.

2 Explique que cada pareja se dividirá en alumnos A y B y que los A han de pensar en una persona que conozcan bien y deben preparase para convertirse en ella. Explíqueles lo que quiere decir, haciéndose pasar por la persona que había elegido.

Ponga una lista en la pizarra con todos los tipos de inteligencia. Explique que quiere que sean los alumnos A los que hablen sobre las habilidades y la manera de pensar de esa persona con cada tipo de inteligencia.

SECCIÓN 1 ▸ EJERCICIOS GENERALES DE LAS INTELIGENCIAS MÚLTIPLES

1 Presentación a través de las inteligencias múltiples

Haga una demostración hablando en primera persona, sentándose como «su» persona se sentaría e imitando su tipo de voz. Hable sobre «sus» experiencias musicales, métase en el papel.

<u>3</u> Pida a los alumnos A que se sienten junto a sus parejas y metiéndose en el papel, enseñen a los B la manera que tiene la persona elegida de sentarse, conducir, andar, etc. Pida ahora a los A que sean esa persona y que describan sus conocimientos y habilidades musicales y sus capacidades visual-espaciales. A continuación, pida que describan algunas experiencias en las que expliquen la manera de contar algo a los demás, cómo se sienten interiormente cuando están solos, etc. Dígales que tienen media hora para realizar este *role-play*.

<u>4</u> Haga un *feed-back* para volver a ver cómo se sienten los alumnos A interpretando su papel.

LECCIÓN 2

Los alumnos B son ahora los que hacen la actividad que hicieron los A en la lección 1. Al final de la clase, deje tiempo para realizar un *feed-back*.

SECCIÓN 1 ▶ EJERCICIOS GENERALES DE LAS INTELIGENCIAS MÚLTIPLES

2 ¿Quién me ha ayudado con mis inteligencias?

CONTENIDO	Expresión escrita
IM TRABAJADAS	Intrapersonal e interpersonal
NIVEL	De intermedio bajo a avanzado
DURACIÓN	30-40 minutos

PREPARACIÓN

Copie la hoja de trabajo de la página siguiente, una para cada estudiante.

EN EL AULA

1. Reparta la hoja de trabajo y pida a los alumnos que la rellenen de forma individual.
2. Ponga a los alumnos en grupos y pídales que comenten lo que han experimentado al rellenar la hoja de trabajo.
3. Concluya con un debate.

TIPOS DE INTELIGENCIA

Los personajes históricos que han poseído los diferentes tipos de inteligencia son:

- Lógico-matemática .... Albert Einstein
- Musical .... Wolfgang Amadeus Mozart
- Cinético-corporal .... Rudolph Nureyev
- Lingüístico-verbal .... William Shakespeare
- Intrapersonal .... Diógenes
- Visual-espacial .... Leonardo da Vinci
- Interpersonal .... Mahatma Gandhi

También se habla de:

Inteligencia naturalista, es decir la que está en armonía con el tiempo, las estaciones, el crecimiento de las plantas, los animales, etc.

SECCIÓN 1 ▸ EJERCICIOS GENERALES DE LAS INTELIGENCIAS MÚLTIPLES

2 ¿Quién me ha ayudado con mis inteligencias?

Pon las inteligencias más relevantes en los siguientes apartados y completa las líneas con las palabras que se te ocurran al pensar en estas situaciones:

De niño/a era muy bueno en las inteligencias
....
....
....

Entre los 5 y los 10 años estaba motivado/a con las inteligencias
....
....
....

De niño/a me sentía menos bueno/a en las inteligencias
....
....
....

Ahora me siento bueno/a en las inteligencias
....
....
....

SECCIÓN 1 ▸ EJERCICIOS GENERALES DE LAS INTELIGENCIAS MÚLTIPLES

3 De la música a la escultura

CONTENIDO	Expresión escrita
IM TRABAJADAS	Musical y cinético-corporal
NIVEL	De intermedio bajo a avanzado
DURACIÓN	40-50 minutos

PREPARACIÓN

Elija una pieza musical, de 2 a 4 minutos, apropiada para la edad del grupo. Sería aconsejable que fuese una pieza musical desconocida para ellos.

EN EL AULA

1. Para que los alumnos se relajen, haga que cierren los ojos y cronometren un minuto como quieran, excepto mirando el reloj. Pídales que digan «minuto» o «fin» cuando crean que el minuto haya pasado, pero que continúen con los ojos cerrados.

2. Pídales que permanezcan con los ojos cerrados y póngales la pieza musical elegida.

3. Cuando la canción haya finalizado, que cada alumno escriba un párrafo sobre las imágenes que vio mientras escuchó la canción, los olores que percibió, las sensaciones que experimentó, el sueño que tuvo o los pensamientos que le vinieron a la mente.

4. Agrupe a los alumnos de cuatro en cuatro para que pongan en común sus párrafos.

5. Cada grupo debe preparar una «escultura» humana que represente sus sensaciones sobre la música. Las cuatro personas deben formar la escultura y colocarse de manera que puedan aguantar de 10 a 15 segundos.

6. Cada grupo muestra su escultura al resto de la clase.

7. Individualmente, los alumnos escriben un comentario sobre cada escultura.

8. Pídales que peguen sus comentarios por las paredes de la clase para que todo el mundo pueda leerlos.

AGRADECIMIENTOS

Hemos modificado una idea proporcionada por Gill Johnson.

SECCIÓN 1 ▸ EJERCICIOS GENERALES DE LAS INTELIGENCIAS MÚLTIPLES

4 Darle la vuelta a un verso

CONTENIDO	El sonido y sus significados, el ritmo del lenguaje
IM TRABAJADAS	Lingüístico-verbal y musical
NIVEL	De intermedio bajo a avanzado
DURACIÓN	15-20 minutos con una clase avanzada 40 minutos con una de nivel intermedio bajo

PREPARACIÓN

Tenga preparada esta rima en su cabeza:

> *La princesa está triste, ¿qué tendrá la princesa?*
> *Los suspiros se escapan de su boca de fresa*
> *Que ha perdido la risa, que ha perdido el color*

EN EL AULA

1. Escriba la rima en la pizarra y léasela a la clase dos veces. Explique las palabras que no conozcan. Pida a los alumnos que lean varias veces todos juntos las líneas.

2. Quite dos palabras en diferentes partes de la rima y pídale a un alumno que lea las tres líneas, incluyendo las palabras suprimidas. Continúe quitando diferentes palabras y pidiendo a los alumnos que lean el poema entero, hasta que la pizarra se quede en blanco y la clase se haya aprendido el poema. (Compruebe que nadie ha escrito el texto en su cuaderno).

   Este tipo de actividad le permite realizar útiles y numerosas correcciones fonológicas, simplemente señalando lo que se ha leído de manera incorrecta y pidiendo una mejor lectura. Puede hacer que esto sea efectivo sin tener que hablar.

3. Elija a un alumno para que haga de secretario de la clase y pida a los demás que le dicten el poema, pero empezando por el final de cada línea, es decir:

   > *¿Princesa la tendrá qué?, triste está princesa la*
   > *Fresa de boca su de escapan se que suspiros sus...*

   Todos recitan el poema al revés. (Luego bórrelo).

SECCIÓN 1 ▸ EJERCICIOS GENERALES DE LAS INTELIGENCIAS MÚLTIPLES

4 Darle la vuelta a un verso

<u>4</u> Haga que toda la clase recite los versos empezando por la última línea y terminando con la primera:

<u>5</u> Saque un nuevo secretario a la pizarra. La clase dicta el poema al secretario pero sustituye cada vocal por un silbido. El secretario deja un espacio en blanco para cada silbido.

<u>6</u> Indique a la clase que a la hora de recitar el poema siga estas pautas:
- Suspirando
- Suave pero con voz
- Moviendo los labios pero sin sonido
- Cantando
- Usando los diferentes acentos de España (catalán, madrileño, andaluz, etc.)
- Hablando con un fuerte acento de la lengua materna

AGRADECIMIENTOS

Este ejemplo es una versión reducida de los 33 apartados del ejercicio audiovisual de la obra *On Love and Psychological Exercises*, A. R. Orage, 1998, Samuel Weiser.

SECCIÓN 1 ▶ EJERCICIOS GENERALES DE LAS INTELIGENCIAS MÚLTIPLES

5 Aprender de memoria

CONTENIDO	Interiorizar un párrafo de un texto en lengua extranjera
IM TRABAJADAS	Lingüístico-verbal y cinético-corporal
NIVEL	De principiante a avanzado (también es útil en primaria)
DURACIÓN	Lección 1: 2 minutos con una clase avanzada Lección 2: 10-15 minutos (dependiendo de la longitud del texto)

PREPARACIÓN

Elija y copie un texto que quiera que memoricen. Haga una copia para cada estudiante y otras cinco más.

LECCIÓN 1

Reparta el texto y pida a los alumnos que se lo aprendan de memoria como tarea para casa.

LECCIÓN 2

1. Ponga las cinco copias del texto en la pared frontal del aula y pida a los alumnos que se pongan al principio de la clase.

2. Los alumnos, de espaldas al texto, caminan por el aula mientras recitan el poema en voz baja. Si hay un fragmento que no recuerdan, vuelven a la pared y leen el fragmento que han olvidado.

3. El ejercicio acaba cuando la mayoría de los alumnos hayan llegado a la pared del final de la clase y hayan recitado de manera satisfactoria el texto completo.

NOTA

Algunos alumnos destacados optan por aprender textos cortos de memoria en la lengua meta. Aprender de memoria es el método preferido por los sistemas educativos tradicionales, como por ejemplo en los países islámicos y en China.

Antoine de la Garanderie propone que el hecho de tomar un texto sin sentido crítico y aprendérselo de memoria es una de las cuatro formas principales

5 Aprender de memoria

en las que los humanos aprenden (para saber más, consulte *Ways of Doing*, Davis *et al.* 1999, Cambridge, páginas 122-124). Según Gardner, aprender de memoria es la opción más importante para aprender una lengua extranjera.

AGRADECIMIENTOS

Esta técnica fue aprendida gracias a Stephan Hegglin, un profesor suizo de una escuela pública que llevaba a cabo experimentos científicos en su clase de inglés.

SECCIÓN 1 ▸ EJERCICIOS GENERALES DE LAS INTELIGENCIAS MÚLTIPLES

6 La autobiografía de mis inteligencias

CONTENIDO	El pasado de los verbos
IM TRABAJADAS	La inteligencia que elija para tratar, más la intrapersonal e interpersonal. En esta actividad, el primer tipo de inteligencia abordado es la cinético-corporal
NIVEL	De intermedio a avanzado
DURACIÓN	Lección 1: 40-50 minutos Lección 2: 40-50 minutos

PREPARACIÓN

Ninguna

LECCIÓN 1

1 Dicte las siguientes preguntas:

- ¿Cuál fue la primera cosa difícil que recuerdo que hice con las manos cuando era muy pequeño?
- ¿Tuve problemas con los botones o con las lazadas de los zapatos o con las cosas que estaban dentro o fuera, delante o detrás?
- ¿Cuáles fueron las primeras canciones con movimientos que escuché en casa o en la escuela?
- ¿Qué me viene a la memoria cuando pienso en la primera vez que esquié, nadé o monté en bicicleta?
- ¿Cuándo y dónde bailé por primera vez?
- ¿He aprendido en los últimos años nuevas formas de bailar?
- ¿De cuántas formas diferentes he nadado, en cuántos lugares y con qué temperaturas?
- ¿Qué actividades practico que se caractericen por tener un sentido importante de equilibrio?
- ¿Cuáles son las tres cosas más difíciles que puedo hacer hoy con las manos?
- ¿Cuáles son mis gestos favoritos?, ¿se parecen a los del resto de mi familia?
- ¿Necesito escribir las palabras para asegurarme de cómo se deletrean?
- ¿Qué actividades he experimentado en las que la conciencia del movimiento ajeno me ha resultado agradable?

2 Agrupe a los alumnos de tres en tres para que respondan y debatan las preguntas.

SECCIÓN 1 ▸ EJERCICIOS GENERALES DE LAS INTELIGENCIAS MÚLTIPLES

6 La autobiografía de mis inteligencias

LECCIÓN 2

1. Recuerde a los alumnos la lección anterior sobre su historia cinético-corporal.

   Explíqueles que van a trabajar con otro tipo de inteligencia y propóngales la inteligencia musical, la lógico-matemática o la intrapersonal.

   Divida la clase en tres grupos según el área con la que vayan a trabajar. Dentro de estos grupos divídalos en tres o cuatro.

   En cada subgrupo, una persona es la entrevistada y los demás se entrevistan sobre sus experiencias pasadas con esta inteligencia.

2. Asegúrese de que todo el mundo tiene oportunidad de ser entrevistado.

SECCIÓN 1 ▶ EJERCICIOS GENERALES DE LAS INTELIGENCIAS MÚLTIPLES

7 Secuencia en una historia

CONTENIDO	Expresión escrita sobre una historia de estilo periodístico
IM TRABAJADAS	Lógico-matemática, interpersonal
NIVEL	Intermedio alto
DURACIÓN 30-40 MINUTOS	Para repasar las palabras que designan formas y las preposiciones de lugar, distribuya una copia de la hoja de formas que se encuentra al final de esta actividad a cada alumno. De modo alternativo, seleccione el léxico que quiera repasar con sus alumnos y diseñe una hoja siguiendo el ejemplo de la hoja de formas. Para la variación, dé una copia del mapa a cada alumno.

PREPARACIÓN

Haga una copia de un texto periodístico para cada alumno.

Asimismo, por cada diez estudiantes haga una copia de los párrafos y recórtelos por separado.

EN EL AULA

1. Pida a los alumnos que trabajen en parejas y reparta a cada pareja uno de los párrafos numerados del 1 al 5.

   Dígales que les ha repartido un párrafo de un periódico para que escriban el texto que crean que precede al párrafo proporcionado. Coménteles que no han de usar más de 20 palabras en cada párrafo y no menos de 10. Indíqueles que le avisen si tienen dudas con el lenguaje.

2. Si tiene 10 alumnos en clase, póngalos juntos en un grupo. La pareja que tenga el párrafo número 3 lee primero el párrafo original, y luego el que le precede y los que le siguen que ellos han escrito.

   Repita el mismo proceso con las parejas que tengan los párrafos **1, 4, 5** y **2,** en este orden.

   Si tiene 20 estudiantes en su clase, tenga entonces dos grupos que trabajen de manera simultánea, si tiene 30, tres grupos, etc.

3. Reparta las copias con el texto completo. Pida a los alumnos que lean los párrafos en el orden del texto original.

4. Deje tiempo para que comenten la forma en la que está escrita la noticia.

7 Secuencia en una historia

SECCIÓN 1 ▸ EJERCICIOS GENERALES DE LAS INTELIGENCIAS MÚLTIPLES

NOTA

El texto periodístico es el típico de la «pirámide invertida» de las agencias periodísticas. El titular y los primeros párrafos se colocan juntos con información y proporcionan la «gran imagen». Los siguientes párrafos añaden los más mínimos detalles.

Encuentro de Voluntarios en Córdoba

4

Hoy viernes empieza el I Encuentro de Voluntarios de ISF Andalucía. Lo haremos en Cerro Muriano, Córdoba, en un albergue que nos cede la Diputación de Córdoba.

1

Más de 30 personas de casi toda Andalucía que forman parte de esta organización de Cooperación Internacional y que participan durante todo el año. Gracias a ellas y ellos hacemos nuestras actividades que llevamos a cabo desde nuestras sedes de Granada, Córdoba y Sevilla y también en 3 países del Sur; además de Huelva, donde acabamos de abrir sede y Almería, donde ya tenemos un grupo de voluntarios activo y pronto abriremos sede.

3

Mañana sábado trabajaremos la planificación de nuestras actividades para el próximo año. Además, contaremos lo que hacemos en nuestros proyectos; haremos 2 conexiones *skype* con nuestra gente en la República Dominicana y Perú.

5

En la foto vemos a una familia de la comunidad de Barro Negro, en el Perú a una altitud en torno los 4000 metros. Familias como esta son los beneficiarios de los 2 proyectos que en Perú llevamos a cabo gracias, entre otros, a nuestros voluntarios.

2

El domingo seguirán compartiendo actividades, planes y, sobre todo, ilusión para continuar trabajando con el convencimiento de que es posible hacer Ingeniería enfocada al Desarrollo de las personas.

SECCIÓN 1 ▸ EJERCICIOS GENERALES DE LAS INTELIGENCIAS MÚLTIPLES

8 Las inteligencias durante tus vacaciones

CONTENIDO	Expresión oral
IM TRABAJADAS	Todas
NIVEL	Intermedio
DURACIÓN	30-40 minutos

PREPARACIÓN

Ninguna

EN EL AULA

1. Pida a los alumnos que recuerden unas vacaciones fuera de casa y de las que hayan realmente disfrutado.

   Dicte estas preguntas a los alumnos:

   - ¿Dónde estabas?
   - ¿Cuánto tiempo duraron las vacaciones?
   - ¿Quién fue contigo?
   - ¿Qué tipo de luz había allí?
   - ¿Qué tiempo hizo?
   - ¿Qué temperatura había?
   - ¿Qué sonidos nuevos recuerdas haber escuchado?
   - ¿Viste algo que nunca habías visto antes?

2. Los alumnos trabajan de cuatro en cuatro para contestar a las preguntas que acaban de copiar.

3. Dicte este segundo cuestionario:

   - ¿En qué tipo de lugar viviste?
   - ¿Te olía o te parecía diferente el sitio en el que estuviste cuando volviste después de haberte ido?
   - ¿Fue fácil o difícil aprender sobre el lugar y acostumbrase a él?
   - ¿Qué melodía, letra o música tenías en la cabeza durante las vacaciones?
   - ¿Qué experiencias musicales tuviste allí?
   - ¿Qué diría tu cuerpo si le preguntases sobre el tiempo que pasaste allí?
   - ¿Cuál fue la mejor conversación que tuviste contigo mismo?

SECCIÓN 1 ▸ EJERCICIOS GENERALES DE LAS INTELIGENCIAS MÚLTIPLES

8 Las inteligencias durante tus vacaciones

- ¿Cuál fue el mejor momento que pasaste solo?
- ¿Surgió algún problema que resolviste de forma satisfactoria?
- ¿Qué números fueron importantes durante tu estancia?
- ¿Quién fue la persona más fascinante y / o simpática con la que te cruzaste allí?
- ¿Cuándo crees que pensabas y hablabas con más fluidez?
- ¿Hubo momentos en los que te sentiste realmente en harmonía con el cielo, la tierra y el propio lugar?

<u>4</u> Los alumnos vuelven con sus grupos de cuatro y contestan a las preguntas.

NOTA

El cuestionario propuesto anteriormente con un formato de «dictado reflexivo» resulta bastante práctico para averiguar los pensamientos y sentimientos de los alumnos. La fase de dictado les permite darse cuenta de sus propios pensamientos de forma intrapersonal, antes de tener que expresárselos a los demás en español.

SECCIÓN 1 ▸ EJERCICIOS GENERALES DE LAS INTELIGENCIAS MÚLTIPLES

9 Contradicción

CONTENIDO	El significado aparente frente al implícito
IM TRABAJADAS	Lógico-matemática
NIVEL	Avanzado
DURACIÓN	20-30 minutos

PREPARACIÓN

Ninguna

EN EL AULA

1. Escriba esta frase en la pizarra:

   No hay adjetivos en esta frase corta.

   Espere la reacción de la clase. La palabra «corta» es un adjetivo, así que claramente la frase se contradice como la siguiente:

   Esta frase no es una negación.

2. Pida a los alumnos que cojan un trozo de papel y que le doblen las esquinas y para decorarlo, que hagan tres columnas anchas. La primera columna han de encabezarla con la palabra CONTRADICTORIO, la segunda con NO ESTOY SEGURO/A y la última con la palabra COHERENTE.

   Pídales que anoten las frases que dicte, situándolas en la columna que creen que es la más apropiada.

   - Esta frase termina con un nombre.*
   - Esta frase es de mi puño y letra.*
   - No empieces frases con una conjunción.
   - No uses nunca una palabra larga cuando puedas usar un diminutivo.
   - Mi escritura es perfectamente legible.*
   - Este dictado terminará al final de esta frase.*
   - Evita poner afirmaciones en la forma negativa.

   (Las frases que tienen un asterisco pueden ser o no verdaderas).

3. Pida a los alumnos que trabajen en grupos de tres y que comparen la clasificación de sus frases.

SECCIÓN 1 ▸ EJERCICIOS GENERALES DE LAS INTELIGENCIAS MÚLTIPLES

10 El recuerdo de los objetos

CONTENIDO	Vocabulario, expresión oral
IM TRABAJADAS	Visual-espacial
NIVEL	Intermedio
DURACIÓN	15-25 minutos

PREPARACIÓN

Ninguna

EN EL AULA

1. Pida a los alumnos que trabajen de forma individual y que escriban el nombre de diez objetos que hayan visto últimamente (por ejemplo, algo que hayan visto de camino a clase esa mañana). Coménteles que los ayudará con el nombre de los objetos de los que que no conozcan el nombre en español.

2. Ahora, que cada alumno anote cuándo vio por última vez el objeto y cuándo fue la primera vez.

3. Finalmente, sugiera a cada alumno que tenga una visualización clara y gráfica de cada objeto.

   Agrupe a los alumnos de cuatro en cuatro y solicite a cada estudiante que explique al resto del grupo la manera exacta de su visualización de los objetos y que diga cuándo fue la primera y la última vez que vio el objeto.

SECCIÓN 1 ▸ EJERCICIOS GENERALES DE LAS INTELIGENCIAS MÚLTIPLES

11 Conoce a tu grupo a través de las IM

CONTENIDO	Diagnóstico, en este ejercicio va a poder medir los conocimientos en español del nuevo grupo. Puede que escuche errores u omisiones, pero sobre todo pondrá atención en la manera en la que el grupo se siente dentro de la clase de lengua extranjera.
IM TRABAJADAS	Todas
NIVEL	De intermedio a avanzado
DURACIÓN	Lección 1: 20 minutos Lección 2: 20 minutos Lección 3: 20 minutos

PREPARACIÓN

Prepare una hoja de tamaño A3 para cada estudiante.

Fotocopie un mapa de Europa por cada tres alumnos.

LECCIÓN 1

1. Dé la bienvenida a los alumnos, cierre luego los ojos y comience un pequeño monólogo sobre lo que le gusta o disgusta de la zona en la que vive.

   Ahora, pídales que escriban en media hoja cosas sobre la zona en la que viven. Dígales que lo hagan en español y que podrán elegir si quieren enseñárselo a alguien del grupo o no.

2. Ahora, solicite a cada alumno que coja un trozo de papel y que dibuje las calles del barrio en el que estaba la casa/piso donde vivía antes. (Si siempre han vivido en el mismo lugar, que dibujen solo las calles del barrio).

   Ponga a los alumnos de cuatro en cuatro y anímeles a que cuenten a sus compañeros las diferencias entre el barrio en el que vivían antes y en el que viven ahora.

   Escuche a cada grupo, para así hacerse una idea sobre los puntos fuertes y débiles que tiene cada alumno en español.

3. Pida a cada estudiante que piense en dos personas de su familia a las que le gustaría que conociera el resto de la clase.

   Todo el grupo se sienta formando un gran círculo y el primer alumno le enseña a todos la manera de sentarse y de andar del primer familiar. Des-

SECCIÓN 1 ▸ EJERCICIOS GENERALES DE LAS INTELIGENCIAS MÚLTIPLES

11 Conoce a tu grupo a través de las IM

pués, muestra la manera de sentarse y de caminar del segundo familiar que haya elegido. En ambos casos, especifica la relación que tiene con la persona elegida.

LECCIÓN 2

1. Ponga a los alumnos en parejas y pídale al alumno A que repita esta pregunta una y otra vez (de 10 a 20 veces):

   ¿Qué importancia tiene la música en tu vida?

   El alumno B tiene que contestar con tantas respuestas diferentes como pueda.

   Luego, B pasa a ser el que pregunte y repita:

   ¿Qué es la música para ti?

2. Dicte los siguientes versos e inste a los alumnos que completen las dos últimas palabras de cada verso de este poema de Gustavo Adolfo Bécquer:

   Me ha herido recatándose en las sombras,
   sellando con un beso su traición.
   Los brazos me echó al cuello y por la espalda
   partióme a sangre fría el corazón.

   Y ella prosigue alegre su camino,
   feliz, risueña, impávida. ¿Y por qué?
   Porque no brota sangre de la herida,
   porque el muerto está en pie.

3. Solicite a varios alumnos que lean el final de cada estrofa.

AGRADECIMIENTOS

Este ejercicio fue propuesto por Piet Hein's *Grooks II*, 1992, Blackwell's and Borgens Forlag.

LECCIÓN 3

1. Para esta lección necesita el mapa político de Europa. Agrupe a los alumnos de tres en tres y entrégueles el mapa. Proponga a los alumnos el siguiente problema:

SECCIÓN 1 ▸ EJERCICIOS GENERALES DE LAS INTELIGENCIAS MÚLTIPLES

11 Conoce a tu grupo a través de las IM

Un editor de mapas quiere ahorrarse el coste de usar diferentes colores para distinguir los diferentes países europeos.

¿Cuál es el mínimo número de colores que puede utilizar sin que ningún país que colinde con otro repita el mismo color? (Un país que colinda con otro en un punto, pero que no tenga ningún borde en común, no se considera como colindante).

Pida a los grupos que le digan qué piensan hacer para resolver el problema. Investigue su metodología.

2   Invite a los alumnos a que reflexionen y piensen sobre algún momento en el que se han sentido a gusto con la naturaleza o con el tiempo durante los últimos meses. Esto puede haber sucedido mientras andaban a través de las montañas o navegando o trabajando en su jardín. Solicite a cada alumno que cuente brevemente al grupo su experiencia vivida con este tema.

Esta actividad tan completa le proporcionará una idea sobre los puntos fuertes y débiles que tienen con el idioma los estudiantes. ¿Cómo se siente cada alumno del grupo expresándose en español?

3   Le sugerimos que realice esta actividad con clases en las que los alumnos ya se conocen. Pida a los alumnos que se pongan un letrero con su nombre completo. Después cada estudiante deberá elegir a una persona del grupo en la que desean «convertirse». Deberían intentar imaginar cómo se sentirían siendo esta persona, llevar su ropa, etc. Luego, cada alumno escribe una carta de una página como si fuese de parte de la persona elegida hacia otra persona del grupo.

Ejemplo: Antonio decide convertirse en Juan y escribe una carta a Felipe para que adivine lo que habría escrito Juan.

Cuando cada estudiante haya escrito su guion, se lo da a la persona a la que haya imitado. Esta persona lo lee y se lo da a la que va dirigido.

Ejemplo: Antonio le da a Juan la carta que le ha escrito, la lee y se la da a Felipe.

Llegados a este punto, los alumnos están de pie, dando vueltas por el aula, leyendo, riendo y hablando.

4   Haga alusión a la composición que los alumnos habían escrito en la lección 1 sobre su barrio. Pídales que la vuelvan a leer y luego, si quieren, pueden enseñarle a uno o dos estudiantes lo que han escrito.

SECCIÓN 1 ▶ EJERCICIOS GENERALES DE LAS INTELIGENCIAS MÚLTIPLES

11 Conoce a tu grupo a través de las IM

SECCIÓN 1 ▸ EJERCICIOS GENERALES DE LAS INTELIGENCIAS MÚLTIPLES

12 ¿Cuántos euros?

CONTENIDO	Comprensión oral y ortografía
IM TRABAJADAS	Visual-espacial y lógico-matemática
NIVEL	De principiante a intermedio bajo
DURACIÓN	Lección 1: 10-15 minutos Lección 2: 5-10 minutos

PREPARACIÓN

Ninguna

LECCIÓN 1

1 Dicte esta historia a los alumnos:

> *El padre pidió a su hija que fuera a comprarle algunas cosas para un viaje.*
> *En su escritorio había un sobre con dinero.*
> *La chica se acercó al escritorio y leyó 98 escrito en el sobre.*
> *Cogió el dinero y fue a una tienda.*
> *Allí, ella eligió cosas por valor de 90 euros.*
> *Cuando sacó el dinero, le faltaban 4 euros.*
>
> *¿Qué había pasado?*

2 Como tarea invite a los alumnos a que intenten explicar qué había pasado. Dígales que les puede ayudar si hacen un dibujo de la escena en la habitación del padre. Sugiérales que pidan ayuda a familiares y amigos.

LECCIÓN 2

1 Escuche todas las soluciones que los alumnos propongan, y pregúnteles por sus razonamientos. Pueden idear muchas soluciones ingeniosas más allá de la simple visual-espacial, que es la siguiente:

¡Lo que el padre, desde un lado de la mesa, había escrito como *86*, la hija, desde su lado de la mesa, leyó como *98*!

NOTA

Aunque la solución más sencilla para este problema puede ser la visual-espacial, sus alumnos pueden actuar de forma interpersonal y lógico-matemática, e idear otras soluciones interesantes.

SECCIÓN 1 ▸ EJERCICIOS GENERALES DE LAS INTELIGENCIAS MÚLTIPLES

13 Una mirada lógico-matemática a una pintura

CONTENIDO	Descripción
IM TRABAJADAS	Visual-espacial y lógico-matemática
NIVEL	De intermedio a avanzado
DURACIÓN	20-30 minutos

PREPARACIÓN

Seleccione una diapositiva de una pintura clásica impactante, pero asegúrese de que su tema esté dentro del ámbito de conocimiento de sus alumnos.

Haga una copia del cuestionario (abajo) para cada alumno.

EN EL AULA

1. Muestre la diapositiva de la pintura. Deje que los alumnos la miren durante 2 o 3 minutos.

2. Lea las preguntas a velocidad normal y, pida a los alumnos que se centren en dos preguntas que realmente les apetece responder. Explíqueles que durante su segunda lectura ellos deberían anotar esas dos preguntas, después léalas una vez más.

3. Divida a los alumnos en grupos de 4 para discutir las respuestas a las preguntas que han elegido.

4. Dé a cada alumno el cuestionario completo para que añadan, individualmente, tres preguntas más.

5. De nuevo en grupos de 4, trabajan sobre las preguntas que han propuesto.

Cuestionario lógico cuantitativo

- ¿Qué color abunda más en esta obra de arte?
- ¿Qué color ves menos en esta obra de arte?
- ¿Qué objeto o forma viste en primer lugar en la pintura?
- ¿Por qué crees que esto es la primera cosa que notaste?
- Mira lo que está sucediendo en el lienzo. ¿Se están moviendo las cosas rápida o lentamente?
- ¿Cómo puedes decidirlo?

SECCIÓN 1 ▸ EJERCICIOS GENERALES DE LAS INTELIGENCIAS MÚLTIPLES

13 Una mirada lógico-matemática a una pintura

- Haz un razonamiento de por qué esta pintura es realista o no realista.
- ¿Hay una idea o emoción oculta en la pintura? ¿Qué pistas te ayudaron a encontrarla?
- ¿Qué preguntas podrías hacer al artista para averiguar cómo creo la pintura?
- ¿Cuál es el valor de este lienzo?
- ¿Cómo lo calculaste?

AGRADECIMIENTOS

Obtuvimos este cuestionario de Iole Vitti de Peanuts School, Pocos de Caldas, Brasil, y ella lo extrajo de su trabajo en Project Zero en Harvard, USA.

SECCIÓN 1 ▶ EJERCICIOS GENERALES DE LAS INTELIGENCIAS MÚLTIPLES

14 Ejercicio prototipo

CONTENIDO	Vocabulario relacionado con el espacio
IM TRABAJADAS	Lógico-matemática y visual-espacial
NIVEL	De intermedio a avanzado
DURACIÓN	20-30 minutos

PREPARACIÓN

Lleve a clase una caja y un objeto que pueda caber en ella.

EN EL AULA

1. Puede o bien dar a cada alumno una fotocopia del dibujo (página 56) o dibujarlo en la pizarra para que lo copien.

2. En silencio, ponga el objeto en la caja y diga: *Está en la caja*.
   En silencio, ponga el objeto **detrás de** la caja.
   En silencio, ponga el objeto **debajo de** la caja.
   En silencio, ponga el objeto **al lado de** la caja, etc., cada vez evocando la preposición correspondiente.

3. Explique a los alumnos que va a dictarles palabras y, si ellos piensan que la palabra que usted ha dictado es altamente descriptiva con ideas de espacio, deberían ponerla en uno de los círculos interiores.

   Si creen que está solo débilmente conectada con ideas de espacio, deberán escribirla en uno de los círculos exteriores.

   Por ejemplo, **EN** claramente tiene un significado visual-espacial, mientras que **PINTAR**, aunque implica espacio, no es fundamentalmente una palabra visual-espacial, así que PINTAR iría en un círculo intermedio o exterior.

   Dicte estas palabras:

   Interior – Ir – Contrario a las agujas del reloj – Sobre – A través de – Cuesta abajo – Vivir – Arquitecto – Ningún sitio – Puente – Madrid – Subterráneo – En las Montañas – A horcajadas – Llegar – Estar situado en – Puesta de sol – Pasado – Realmente – Borde – Más allá – Metro cuadrado – Remoto – Río abajo – Extender – Mientras

4. Pida a los alumnos que trabajen en grupos de tres y comparen dónde han puesto las palabras según el grado visual-espacial que consideran que tienen.

SECCIÓN 1 ▶ EJERCICIOS GENERALES DE LAS INTELIGENCIAS MÚLTIPLES

14 Ejercicio prototipo

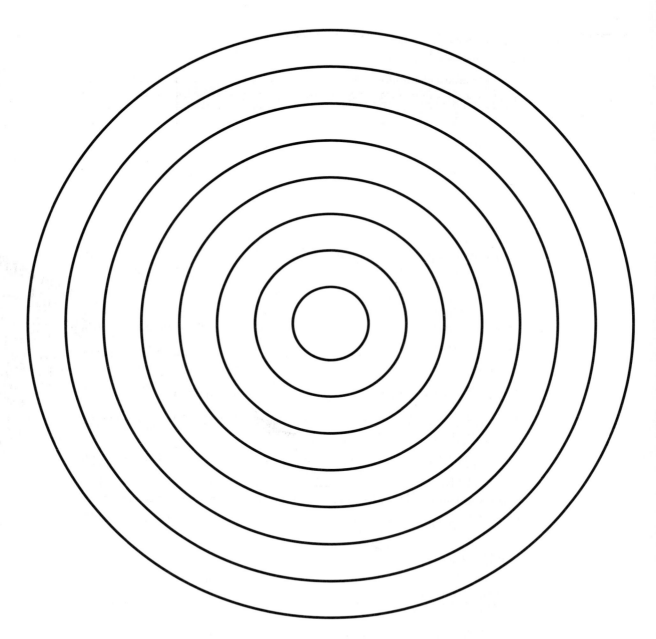

SECCIÓN 1 ▸ EJERCICIOS GENERALES DE LAS INTELIGENCIAS MÚLTIPLES

15 ¿Qué inteligencias se le dan mejor a X?

CONTENIDO	Expresión oral
IM TRABAJADAS	Todas
NIVEL	De principiante a avanzado (pero haga esta unidad solo cuando sus alumnos estén familiarizados de forma razonable con el pensamiento de las IM)
DURACIÓN	20-30 minutos

PREPARACIÓN

Ninguna

EN EL AULA

1. Pida a los alumnos que, individualmente, doblen un trozo de papel de forma apaisada y que pinten una línea cerca del encabezado de la hoja, así:

    Inteligencia musical

    Fuerte ———————————————————————— débil

    Indíqueles que pinten otras seis líneas como la propuesta para las demás inteligencias.

2. Ahora, invíteles a que piensen en alguien que conozcan bien.

    Dígales que reflexionen sobre cómo se le da a esa persona cada inteligencia y que hagan una marca en la línea entre *fuerte* y *débil*.

    Si creen que esa persona es buena, por ejemplo, en lo relativo a la música, que mediten en cómo muestra esa persona esta cualidad.

3. Ponga a trabajar a sus alumnos de tres en tres, y que cada uno hable a los demás sobre la persona que ha elegido y sobre las áreas en las que esa persona se siente más fuerte.

    Ejemplos:

    Visual-espacial

    Fuerte ———————X———————————————— débil

    Mario, cuando piensa en su padre Giuseppe, cree que este era bastante bueno en lo relacionado con lo visual-espacial. Cuando pintaba una iglesia, Giuseppe esbo-

SECCIÓN 1 ▸ EJERCICIOS GENERALES DE LAS INTELIGENCIAS MÚLTIPLES

15 ¿Qué inteligencias se le dan mejor a X?

zaba normalmente la forma del edificio en un trozo de papel. Luego, pintaba con acuarelas la iglesia en el folio. Las matemáticas del dibujo salían mucho después.

Lingüística

Fuerte ———————————————— ✗ ———— débil

Mario piensa que Giuseppe era menos bueno con su inteligencia lingüística. Hablaba inglés, su idioma adoptivo con un fuerte acento italiano. Su acento permanecía intacto después de 40 años en el Reino Unido. Sin embargo, tenía un amplio y enriquecido vocabulario en inglés. En su lengua materna estaba mucho más interesado en las ideas que en el estilo o en la forma del lenguaje, etc.

SECCIÓN 1 ▶ EJERCICIOS GENERALES DE LAS INTELIGENCIAS MÚLTIPLES

16 ¿Qué inteligencias usamos cuando leemos?

CONTENIDO	La naturaleza del proceso de la comprensión lectora
IM TRABAJADAS	Todas
NIVEL	De principiante a avanzado (para el tipo de texto propuesto en este libro, el nivel es intermedio alto)
DURACIÓN	20-30 minutos

PREPARACIÓN

Fotocopie el texto de la siguiente página para que cada estudiante tenga uno. Léalo en voz alta.

EN EL AULA

1. Pida a los alumnos que lean de forma individual el pasaje.

   Que escriban dos párrafos contando lo que ha pasado por sus cabezas mientras leían.

2. Lea a la clase el texto en voz alta.

3. Ahora, deles tiempo y espacio para que le cuenten en detalle el proceso experimentado durante su primera lectura y luego mientras escuchaban. Por ejemplo:

   - ¿Estaban en un momento visual-espacial o musical?
   - ¿Se sentían bien consigo mismos?
   - ¿Se sentían bien fuera, pensando en el estilo de la escritura?
   - ¿Estaban pensando en que no está relacionado con el texto?

   Escuche sus historias evitando hacer críticas. Su receptividad les ayudará a que sus historias fluyan.

   Cuando escuche de seguido todo el proceso de comprensión escrita y oral real, quedará impresionado.

   Texto:
   «¿Qué hora es?», preguntó.
   «Las tres».
   «¿De la mañana o de la tarde?».
   «De la tarde».

SECCIÓN 1 ▸ EJERCICIOS GENERALES DE LAS INTELIGENCIAS MÚLTIPLES

16 ¿Qué inteligencias usamos cuando leemos?

Está en silencio. No hay nada que quiera saber. Solo que otro espacio de tiempo ya había pasado.

«¿Cómo estás?», dije.

«¿Quién es?», preguntó.

«Es el médico. ¿Cómo te sientes?».

No contestó enseguida.

«¿Sentir?», dijo.

«Espero que te sientas mejor», dije.

Apreté el botón del lateral de la cama.

«Se moverá hacia abajo», dije.

«Sí, hacia abajo», comentó.

Se echó hacia atrás en la cama con dificultad. Sus muñones, ligeros sin piernas ni pies, se levantaron dejándose ver. Lavé las heridas con desinfectante y volví a cubrir los muñones. Durante todo este tiempo no habló.

¿Qué estaba pensando tras esos ojos que no pestañeaban?

«¿Hay algo más que pueda hacer por ti?», pregunté.

Durante un buen tiempo permaneció en silencio.

«Sí», esbozó finalmente y sin la menor ironía dijo, «¿puedes traerme un par de zapatos?».

Extraído de *Confessions of a knife*, Richard Selzer, 1982, Triad/Granada, página 134.

SECCIÓN 1 ▸ EJERCICIOS GENERALES DE LAS INTELIGENCIAS MÚLTIPLES

17 Diversión con matemáticas

CONTENIDO	Escuchar y llevar a cabo instrucciones matemáticas precisas
IM TRABAJADAS	Lógico-matemática
NIVEL	De intermedio bajo en adelante
DURACIÓN	10 minutos

PREPARACIÓN

Ninguna

EN EL AULA

1. Anuncie que puede leer la mente de un alto porcentaje de alumnos en clase. En una hoja de papel, escriba «un elefante gris en Dinamarca», doble el papel para que nadie pueda leer lo que ha escrito, entregue el papel doblado a un alumno para que lo guarde hasta el final de la actividad sin leerlo.

2. Escriba el alfabeto en la pizarra, y ponga el número correspondiente bajo cada letra, p.ej.: 1 debajo de la A, 4 debajo de la D, etc.

3. Pida a sus alumnos que cojan bolígrafo y papel, y deles estas instrucciones (asegúrese de que ellos han completado sus cálculos antes de continuar):
    a. Piensa un número del 1 al 9.
    b. Multiplica el número por 9.
    c. Suma los dos dígitos.
    d. Resta 5.
    e. Comprueba en la pizarra para convertir la respuesta en una letra del alfabeto.
    f. Escribe el nombre de un país europeo que empiece por esa letra.
    g. Escribe un animal de cuatro patas que empiece con la siguiente letra.
    h. Escribe un color típico para ese animal.

4. Indique al alumno que tiene el papel doblado que lo desdoble y lea en voz alta a la clase lo que usted escribió al principio del ejercicio.

SECCIÓN 1 ▶ EJERCICIOS GENERALES DE LAS INTELIGENCIAS MÚLTIPLES

17 Diversión con matemáticas

NOTA

Si tiene algunos linces matemáticos en su clase, es posible que les guste intentar descubrir la lógica que hay detrás de esta actividad, posiblemente con la ayuda de su profesor de matemáticas.

AGRADECIMIENTOS

Conocimos esta actividad gracias a Ken Wilson, director del English Speaking Theatre, en la conferencia IATEFL en Katowice, Polonia, en noviembre de 1999.

Sección 2
Enseñanza a partir del libro de texto

SECCIÓN 2 ▸ ENSEÑANZA A PARTIR DEL LIBRO DE TEXTO

18 De las manos a la voz

CONTENIDO	Interiorización de las estructuras gramaticales
IM TRABAJADAS	Lingüístico-verbal, visual-espacial y cinético-corporal
NIVEL	De bajo intermedio a avanzado
DURACIÓN	30-40 minutos

PREPARACIÓN

Encuentre dos párrafos que contengan los nuevos puntos de gramática. Elija a cinco personas con un tipo de letra muy diferente entre sí para que los copien en un trozo de papel.

Fotocopie el trozo de papel, uno para cada alumno.

EN EL AULA

1. Coloque a los alumnos en grupos de cuatro y dele a cada grupo dos trozos del papel que contengan los dos párrafos escritos a mano.

2. Dícteles el siguiente cuestionario:
   - ¿Cómo ha escrito cada persona la letra «h»?
   - ¿Las letras se van hacia la derecha o hacia la izquierda?
   - ¿Cómo es el punto de la letra «i»?
   - ¿Aprieta el lápiz o tiene una escritura suave?
   - ¿Cuántas letras une el escritor?
   - ¿Es un escritor rápido o lento?
   - ¿Es una mano masculina o femenina?

3. Pida a sus alumnos que contesten a las preguntas propuestas de cada uno de los cinco textos.

4. Ahora, solicite al grupo de cuatro que elija el tipo de escritura que considere más interesante.

5. Recomiéndeles que vuelvan a escuchar el texto leyéndolo en voz alta hasta que adivinen a quién pertenecería el tipo de escritura.

6. Cada grupo le lee al resto el pasaje en voz alta. La tarea de los oyentes es decidir cuál es el sexo y la edad de la persona que escribió el texto.

SECCIÓN 2 ▶ ENSEÑANZA A PARTIR DEL LIBRO DE TEXTO

18 De las manos a la voz

NOTA

Mientras terminan este ejercicio se aprenderán de memoria los párrafos del libro de texto. La tarea de tipografía y de la voz enmascaran a menudo el objetivo del lenguaje: interiorización de los patrones lingüísticos propuestos.

AGRADECIMIENTOS

Simon Marshall, autor de *From Advanced Speaker to Native*, nos contagió su interés por los tipos de letra y, *Cours Pratique de Graphologie* de André Lecerf, 1976, Editions Dangles, resultó ser un valiosísimo libro de consulta.

SECCIÓN 2 ▸ ENSEÑANZA A PARTIR DEL LIBRO DE TEXTO

19 Cambiando el tipo de escritura

CONTENIDO	Comprensión oral e interiorización del vocabulario y la gramática
IM TRABAJADAS	Interpersonal, lingüístico-verbal, visual-espacial y cinético-corporal
NIVEL	De intermedio bajo a avanzado
DURACIÓN	20-30 minutos

PREPARACIÓN

Elija un pasaje para dictarlo. Podría ser un texto que esté dos o tres unidades más adelante de la que haya llegado en el momento de esta actividad. Prepárese para dictar las tres primeras partes del texto en voz baja y las tres siguientes más despacio y con una voz dulce. Lea la última parte con una voz normal.

EN EL AULA

1. Diga a los alumnos que van a copiar un dictado.

    Dicte en voz baja la primera parte del pasaje o ponga el audio.

    Dicte la siguiente parte despacio y con una voz dulce.

    Dicte la última parte normalmente.

2. Pida a los alumnos que intercambien su dictado con un compañero. Cada persona copia las diez primeras palabras que su compañero escribió mientras escuchaba la primera parte en voz baja, luego con la voz lenta y finalmente con la voz normal.

    Indíqueles que al copiar imiten de la forma más precisa posible el tipo de escritura de su compañero, dejando el mismo espacio entre las palabras, las mismas separaciones entre los caracteres, la misma inclinación de las letras y la misma forma que la de su compañero.

3. Ahora, diga a los compañeros que se pongan juntos y que compartan sus anotaciones.

4. Deje tiempo a la clase para que pueda volver a recordar el ejercicio, ya que es divertido cuando lo experimentas por primera vez.

20 Lectura intensiva

CONTENIDO	El significado de frases separadas contrastado con el significado del pasaje del que provienen. Asimilación de nueva gramática y vocabulario del libro de texto
IM TRABAJADAS	Lógico-matemática
NIVEL	De postprincipiante a avanzado
DURACIÓN	20-30 minutos

PREPARACIÓN

Elija de seis a ocho frases del siguiente pasaje del libro de texto.

EN EL AULA

1. Diga a los alumnos que les va a dictar algunas frases y que deberán dejar huecos debajo de ellas. A continuación, dicte de seis a ocho frases en orden aleatorio, y no en el orden en que aparecen en el pasaje del libro de texto.

   Deje a los alumnos tiempo para preguntar sobre el vocabulario y hacer preguntas de comprensión.

2. Propóngales que doblen y corten en trozos la página en la que han estado escribiendo y que pongan una frase distinta en cada trozo.

   Dígales que trabajen individualmente o en parejas, y que organicen las frases en categorías. Debe haber más de una categoría, y debe haber menos categorías que el número total de frases. Sus categorías pueden ser de cualquier tipo: semánticas, emocionales, gramaticales, aritméticas (p.ej.: frases de seis palabras) o cualquier otra cosa que se les ocurra. Intente no darles más de un ejemplo de lo que quiere decir con «categoría», porque los ejemplos los condicionan. En una clase postprincipiante, sus explicaciones serán en la lengua materna.

   Dígales que den a cada categoría un título. En una clase de nivel bajo necesitará ofrecer suficiente ayuda con el vocabulario.

3. Pida a diferentes alumnos que le den sus títulos, escríbalos en la pizarra e indíqueles que lean en voz alta las frases que tienen bajo cada título. Si la clase es postprincipiante será natural recurrir a la lengua materna en la explicación de las categorías.

SECCIÓN 2 ▸ ENSEÑANZA A PARTIR DEL LIBRO DE TEXTO

20 Lectura intensiva

4 Ahora invite a la clase a que lea el pasaje del libro de texto de donde se han extraído las frases. Déjeles tiempo para que hagan comentarios sobre el ejercicio completo.

AGRADECIMIENTOS

Este modo de pensamiento proviene directamente del enfoque matemático de la enseñanza del lenguaje del Dr. Caleb Gattegno.

SECCIÓN 2 ▶ ENSEÑANZA A PARTIR DEL LIBRO DE TEXTO

21 Haciendo desaparecer frases

CONTENIDO	Hacer preguntas
IM TRABAJADAS	Lingüístico-verbal y lógico-matemática
NIVEL	De intermedio bajo a intermedio
DURACIÓN	10 minutos

PREPARACIÓN

Prepare una frase larga o un párrafo como base para el juego de borrar el texto.

EN EL AULA

1. Escriba una frase larga o un párrafo en la pizarra o díctesela a un alumno para que lo haga él.

    Ejemplo:

    Los alumnos frecuentemente no tienen ni voz ni voto en la elección del tipo de texto que sus profesores deciden que tienen que estudiar o en los que hacer sus ejercicios; quizás esto sea por lo que un número considerable de alumnos se sienten gratificados cuando tienen la oportunidad de borrar partes de un texto o un texto completo dictado por un profesor, que es de lo que trata esta actividad.

2. Diga a los alumnos que le hagan preguntas específicas sobre el texto. Cuando una palabra o un grupo de palabras en el texto es la respuesta directa a una pregunta que ellos han preguntado, borre este trozo del texto. Así que, si un alumno, por ejemplo, dice: «¿Quién no tiene ni voz ni voto en la elección del texto frecuentemente?», usted borra la palabra *Alumnos*. Otro alumno puede entonces proponer: «¿Cuál es el opuesto de 'pocas veces'?» y usted borra *frecuentemente*, etc.

3. Cuando una pregunta es lingüísticamente incorrecta, encoja sus hombros y pida a la clase que la corrija. Borre la palabra solamente cuando la pregunta se haya formulado correctamente.

4. Se dará cuenta de que cuando queda un elemento funcional aislado, como *por qué*, los alumnos empezarán a hacer preguntas metagramaticales, tales como «Cuando preguntas la razón de algo, ¿cuál es la primera palabra en tu pregunta?».

21 Haciendo desaparecer frases

VARIACIÓN 1

Puede transformar esta actividad en otra aún más enfocada lógico-matemáticamente, concediendo puntos por el número de palabras borradas en un intento.

Por ejemplo, la pregunta «*¿Qué sucede frecuentemente?*» eliminaría las 28 palabras desde *no tienen ni voz ni voto* hasta *hacer sus ejercicios*, así, el alumno que haga esta pregunta obtendría 28 puntos.

La variación propuesta aquí es psicológicamente muy diferente del ejercicio principal, ya que introduce competición donde antes había habido un esfuerzo de colaboración.

VARIACIÓN 2

Elija a un alumno al que se le dé bien dibujar para que salga a la pizarra y realice un dibujo que esté recargado con muchas cosas. Lo ideal sería que esto lo hiciese aquel alumno que haya ya finalizado su tarea mientras que el resto de la clase aún sigue trabajando.

Comunique a la clase que el dibujo necesita una visión vacía para que se pueda ver de forma satisfactoria. Se irán deshaciendo del desorden del dibujo haciendo preguntas que «vacíen» el dibujo. El artista borrará. Es él quien decide cuándo el dibujo se ha quedado lo suficientemente vacío.

AGRADECIMIENTOS

Escogimos esta idea de Jude Baker, un compañero de Pilgrims y el ejercicio familiar al que esta actividad pertenece no existiría si no fuese por el trabajo de Caleb Gattegno.

Para más actividades de este tipo lógico-matemático y lingüístico, consulte la Sección 2 del libro *Grammar Games*, Rinvolucri, 1984, CUP, y la Sección 2 de *More Grammar Games*, Davis and Rinvolucri, 1995, CUP.

SECCIÓN 2 ▸ ENSEÑANZA A PARTIR DEL LIBRO DE TEXTO

22 Predicciones pasadas

CONTENIDO	Revisión de la gramática y del vocabulario de la unidad anterior
IM TRABAJADAS	Lingüístico-verbal (especialmente auditiva) e interpersonal
NIVEL	De postprincipiante a intermedio alto
DURACIÓN	10-15 minutos

PREPARACIÓN

Elija la unidad del libro de texto que quiera que sus alumnos revisen.

EN EL AULA

1. Ponga a la clase de pie o sentada en un círculo.

2. Pida un voluntario para leer y dígale que abra el libro de texto por la página en la que está el pasaje que ha seleccionado. El resto de la clase tiene su libro de texto cerrado.

   El voluntario lee la primera frase y luego la primera palabra de la segunda frase. Después, se para y el alumno que esté a su izquierda ha de adivinar la palabra que le sigue.

   Si no la adivina, el voluntario leerá la primera palabra y la segunda de la frase y, el siguiente alumno de la izquierda deberá intentar adivinar la tercera palabra.

   Cuando un alumno la acierte, el voluntario sigue leyendo hasta el final de la frase y luego, el que ha adivinado la palabra coge el libro abierto y pasa a ser el lector. Leerá la siguiente frase entera y se parará en un punto que él elija de la siguiente para que la persona que esté a su izquierda adivine la palabra que sigue. Y así a lo largo de todo el círculo.

VARIACIÓN

En lugar de que el alumno se pare en seco para que su compañero de la izquierda adivine la siguiente palabra, invite al que está leyendo que cambie una palabra en cada frase que lea.

La tarea de la persona que está a su izquierda será la de detectar la palabra «incorrecta» y sugerir la correcta.

22 Predicciones pasadas

SECCIÓN 2 ▸ ENSEÑANZA A PARTIR DEL LIBRO DE TEXTO

AGRADECIMIENTOS

Robert O'Neill propuso a los profesores que usaban sus *Kernels Intermediate* a principios de los 70 que usaran esta técnica y su variación. Lo que se acaba de proponer es que los alumnos han de trabajar todos y recibir todos los beneficios del lenguaje, mientras que a los profesores se los deja libres de cualquier representación, dándoles tiempo y espacio para que observen y para que reflexionen sobre sus alumnos.

SECCIÓN 2 ▸ ENSEÑANZA A PARTIR DEL LIBRO DE TEXTO

23 Cambiando las voces

CONTENIDO	Avance de la gramática y del vocabulario de una unidad que está dos por delante de la unidad a la que se ha llegado con el libro de texto
IM TRABAJADAS	Lingüístico-verbal (especialmente auditiva) e interpersonal
NIVEL	De intermedio bajo a intermedio
DURACIÓN	Lección 1: 5 minutos Lección 2: 15-20 minutos

PREPARACIÓN

Para la lección 2, un reproductor de audio.

LECCIÓN 1

Cuente el número de párrafos del pasaje que haya elegido del libro de texto y asigne uno distinto a cada alumno. Si hay siete, participarán siete estudiantes.

Como tarea para casa, dígale a cada uno de ellos que grabe su párrafo. *Pídales que cambien sus voces* para que nadie de la clase pueda reconocer su grabación. Sugiérales que imiten la voz de un cantante al que conozcan, la de alguien de su familia o también pueden imitar la voz de un niño pequeño o la de un extraterrestre.

LECCIÓN 2

1. Recoja las grabaciones de los estudiantes.
2. Ponga la primera grabación y párela en un momento en el que nadie de la clase pueda identificar de forma correcta al locutor.
3. Pase rápidamente a la segunda grabación, etc.

VARIACIÓN

En caso de que la mayoría de los alumnos no tenga grabadora en casa, el ejercicio se puede hacer en clase sugiriéndoles que cierren los ojos mientras que escuchan a sus compañeros leer en voz alta el libro de texto.

De forma alternativa, si los alumnos no tienen grabadoras, el colegio puede prestarles una para que trabajen con ella.

SECCIÓN 2 ▶ ENSEÑANZA A PARTIR DEL LIBRO DE TEXTO

23 Cambiando las voces

NOTA

El enfoque de esta unidad es en su mayor parte interpersonal y auditivo, pero cuando dos semanas más tarde lleguen a la unidad en cuestión, a los alumnos les vendrá a la memoria el juego mientras recorren el texto. Eso se debe a que el texto se habrá personalizado en gran medida para muchos de ellos.

AGRADECIMIENTOS

Hemos adaptado esta unidad a partir del capítulo «Mystery Voice», página 45 del libro *Games for Thinking*, de Robert Fisher, 1997, Nash Pollock Publishing.

24 ¡Acelera!

CONTENIDO	Interiorización de una parte de un pasaje del libro de texto
IM TRABAJADAS	Cinético-corporal y lingüístico-verbal
NIVEL	De principiante a avanzado
DURACIÓN	5-10 minutos

PREPARACIÓN

Coja una barrita de chocolate.

N.B.: Este ejercicio es ideal si de repente tiene que sustituir a otro profesor.

EN EL AULA

1. Elija un pasaje del libro de texto de dos unidades más adelante. Informe a los alumnos de que el que copie el mayor número de palabras del pasaje de forma correcta y en 120 segundos ganará la barrita de chocolate.

2. Con los bolígrafos en la mano diga:

    Preparados, listos, ¡ya!

3. Cuando pasen los 120 segundos, pídales que corrijan los textos de los demás y que cuenten el número de palabras escritas correctamente. Premie con la barrita de chocolate al alumno que tenga la puntuación más alta.

NOTA

Tras esta breve actividad, los alumnos estarán familiarizados con algún contenido lingüístico de la unidad que estudiarán más adelante.

SECCIÓN 2 ▸ ENSEÑANZA A PARTIR DEL LIBRO DE TEXTO

25 Adivina mi frase

CONTENIDO	Revisión del vocabulario, de la gramática y de la acentuación de la frase
IM TRABAJADAS	Musical y lingüístico-verbal
NIVEL	De intermedio bajo a avanzado
DURACIÓN	5-10 minutos

PREPARACIÓN

Ninguna.

EN EL AULA

1. Pida a los alumnos que piensen en un texto con el que hayan trabajado recientemente en clase. Propóngales que digan en voz alta las palabras de las que se acuerden del texto. Escríbalas en la pizarra.

2. Señale una palabra e indíqueles que va a formular una frase con ella y que deben trabajar en parejas para adivinar la frase. No les diga la frase, únicamente marque el ritmo con una palmada o con una pandereta. Repita el ritmo tantas veces como quieran.

3. Pida a la clase que formule en voz alta sus propuestas. Cuando una frase se acerque a la suya original, solicite al alumno que la haya dicho que la repita. Señale de forma no verbal que no es exactamente la frase que ha pensado y anime al resto de la clase a que haga más propuestas. Use solamente mímica y gestos para conseguir que los alumnos averigüen la frase original.

4. Haga la misma operación con otra palabra de la pizarra.

VARIACIÓN

Al cabo de un rato, puede pedirle a un alumno que ocupe su lugar.

AGRADECIMIENTOS

La idea de proponer a los estudiantes que adivinen una parte del lenguaje a partir de un ritmo creado con una pandereta proviene de Glen Stephen.

SECCIÓN 2 ▶ ENSEÑANZA A PARTIR DEL LIBRO DE TEXTO

26 La habitación romana

CONTENIDO	Vocabulario del diseño del mobiliario y de una habitación
IM TRABAJADAS	Visual-espacial
NIVEL	De intermedio bajo en adelante
DURACIÓN	Lección 1: 30 minutos Lección 2: 20 minutos

PREPARACIÓN

Ninguna.

LECCIÓN 1

1. Pida a sus alumnos que trabajen de forma individual y que se imaginen la habitación de sus sueños. Propóngales que piensen en la forma y el tamaño de la habitación, dónde pondrían las ventanas y las puertas, qué muebles y qué colores les gustaría tener en esa habitación. Explíqueles que tienen libertad para ser creativos, p.ej. si quieren que un río fluya por la habitación, que lo pongan. Sin embargo, la habitación debe estar estructurada de forma clara y sin demasiados detalles para que puedan recordarla fácilmente.

2. Dígales que dibujen un plano de la habitación.

3. Colóquelos en parejas para que se describan sus habitaciones el uno al otro, usando los planos que han creado.

4. Pídales que hagan individualmente una lista con 20 objetos. Esta lista no debe tener ninguna conexión con la habitación que hayan descrito. Dígales que intercambien sus listas y que memoricen los 20 objetos en el orden en el que se encuentran en la lista. Deles 3 minutos para hacerlo.

5. En parejas, comprobarán cuántos objetos ha memorizado cada alumno de su propia lista. Coménteles que tienen que comprobar cuántos objetos de la lista de su compañero recuerdan.

6. Compare los resultados preguntando cuántos objetos ha memorizado cada alumno. Pregunte a los alumnos qué estrategia siguen para memorizar las listas.

7. Como tarea para la próxima lección, pídales que interioricen el máximo número de detalles como les sea posible de la habitación que han creado.

26 La habitación romana

SECCIÓN 2 ▸ ENSEÑANZA A PARTIR DEL LIBRO DE TEXTO

Deberán ser capaces de recordar bien su habitación sin mirar el plano. (Tendrá que explicar esta tarea, ya que de lo contrario, algunos alumnos pueden pensar que es muy rara y no hacerla; dígales que les va a enseñar una estrategia muy eficaz para memorizar, para la cual, la condición es que hayan interiorizado sus planos de la habitación).

LECCIÓN 2

1. En la próxima clase, ponga a los alumnos en parejas con diferentes compañeros y pídales que cada uno escriba otra lista con 20 objetos.

2. Indique que se intercambien las listas. Deben imaginar que están en la habitación, andando primero dando vueltas y empezando en un punto concreto y volviendo siempre al mismo punto al final. Ellos eligen si quieren «caminar» en el sentido de las agujas del reloj o no. Colocan un objeto de la lista con las piezas de mobiliario detrás de otro, el suelo, el alféizar de la ventana, etc., pídales que creen imágenes fuertes como hasta ahora, por ejemplo distorsionando el tamaño de los objetos y haciéndolos desproporcionadamente más anchos o más pequeños, añadiendo sonidos y olores, etc. Deles tres minutos para hacerlo.

3. En parejas, los alumnos comprueban de nuevo con qué detalle cada uno de ellos recuerda esta vez su habitación.

4. Pregúnteles si este ejercicio podría servirles como estudio de la información que necesitan para recordar.

VARIACIÓN

La técnica de la «habitación» es especialmente útil para ayudar a los alumnos a recordar palabras abstractas. ¿En qué sitio de la habitación pondría palabras como *esperanza*, *espacio* o *telepatía*?

Precisamente porque no resulta obvio el lugar donde colocarlas, el alumno hará un gran esfuerzo y el efecto de la memoria resultará más potente.

NOTA

El hecho de colocar palabras del libro de texto en una habitación imaginaria resulta extremadamente efectivo para agilizar la memoria.

SECCIÓN 2 ▸ ENSEÑANZA A PARTIR DEL LIBRO DE TEXTO

26 La habitación romana

AGRADECIMIENTOS

Encontramos esta técnica en el libro de Tony Buzan *Use Your Memory*, BBC Publications, primera edición de 1986. Buzan comenta que esta técnica nemónica fue inventada hace más de 2000 años por los romanos, de ahí su nombre.

27 Diálogo cinético-corporal o musical

CONTENIDO	Comprensión oral y escrita intensivas
IM TRABAJADAS	Cinético-corporal y musical
NIVEL	De postprincipiante a avanzado
DURACIÓN	40-50 minutos

PREPARACIÓN

Necesitará la grabación del diálogo elegido de su libro de texto y un radio casete.

Pida a uno de sus alumnos al que le guste el teatro que elija una escena o un diálogo de la unidad anterior del libro de texto y que prepare una actividad de mímica que se base en él. Pida a otros dos o tres alumnos a los que se les dé bien la música que elijan un diálogo anterior y que lo preparen musicalmente usando la voz y/o instrumentos.

EN EL AULA

1. Pídale a su artista de mimo que actúe. Todos los alumnos, en silencio releen el diálogo/escena del libro. La actividad de mímica se repite.

   Luego, invite a los músicos a que presenten su diálogo/escena.

2. Pida a la clase que escuche con atención el nuevo diálogo con el libro de texto cerrado. Trate las dudas idiomáticas y luego ponga el diálogo una segunda vez.

3. Permita que los alumnos abran sus libros y que lean el nuevo diálogo. Diga a cada estudiante que elija si prefiere representarlo con mímica o con la canción.

4. Divida a la clase en dos grupos, los mimos y los cantantes. Deje que estos grupos se subdividan en el número de papeles que aparecen en el diálogo. Deles 15 minutos para que lo preparen.

NOTA

Después de este aparente juego-actividad, a los alumnos se les presentará el nuevo punto de gramática a través del diálogo.

28 Creando viñetas a partir de un diálogo del libro de texto

CONTENIDO	Comprensión oral y escrita intensivas
IM TRABAJADAS	Interpersonal y visual-espacial
NIVEL	De postprincipiante a intermedio
DURACIÓN	40-50 minutos

PREPARACIÓN

Elija un diálogo de una unidad futura de su libro de texto. Fotocopie el texto sin ninguna imagen que lo acompañe.

EN EL AULA

1. Ponga el diálogo una vez y luego ayude a los alumnos con los términos o fragmentos desconocidos.

2. Pida a los estudiantes que visualicen DÓNDE está teniendo lugar el diálogo. Lo escucharán de nuevo y expresarán en voz alta sus ideas.

3. Antes de escucharlo por tercera vez, pídales que decidan cómo va vestida la gente y qué aspecto tiene.

4. Reparta las fotocopias con el diálogo y deje que lo lean. Puede que tengan más preguntas sobre el significado del léxico.

5. Dibuje seis viñetas vacías para que todos puedan verlas. Explíqueles que van a trabajar en parejas como si fuesen a filmar el diálogo. Indíqueles que seleccionen seis momentos del diálogo y que en cada una de las seis viñetas dibujen lo que la cámara verá, y debajo de cada imagen que escriban el texto correspondiente. Deles 15 minutos para que realicen esta tarea.

SECCIÓN 2 ▸ ENSEÑANZA A PARTIR DEL LIBRO DE TEXTO

28 Creando viñetas a partir de un diálogo del libro de texto

<u>6</u> Los alumnos pegarán sus viñetas en la pared y darán una vuelta para ver las viñetas que los demás han imaginado.

VARIACIÓN

Esta actividad es una excelente forma de que los alumnos con un nivel intermedio alto y avanzado lean en profundidad un pasaje literario corto.

SECCIÓN 2 ▶ ENSEÑANZA A PARTIR DEL LIBRO DE TEXTO

29 Un juego de partes

CONTENIDO	Aprender la forma de la palabra y adivinarla por el significado. Este pasaje muestra palabras sobre el tiempo meteorológico.
IM TRABAJADAS	Lógico-matemática y visual-espacial
NIVEL	De principiante a avanzado, de acuerdo con la dificultad del texto. El pasaje que se propone es para un nivel intermedio
DURACIÓN	15-20 minutos

PREPARACIÓN

Elija un texto corto y decida qué sílabas y qué letras va a eliminar. Puede ponerlo en una diapositiva o usar la pizarra. Use el texto que se propone para un nivel intermedio.

Esta técnica puede emplearse con una parte del pasaje de la unidad del libro de texto que esté dando en ese momento. También puede usarse para avanzar unidades posteriores o revisar unidades ya vistas.

EN EL AULA

1. Enseñe previamente cualquier palabra que sea posible que los alumnos no conozcan.
2. Proyecte la diapositiva o escriba el texto que haya elegido en la pizarra con los huecos por los que haya optado.
3. Pida a los alumnos que se acerquen libremente y añadan las sílabas y letras que ellos consideran que faltan.
4. Ayude a la clase con los huecos que no haya rellenado todavía.

VARIACIÓN

Solicite a un alumno que elija una canción u otro texto que le guste, y que traiga a clase una versión con huecos para ponerla en la pizarra o como diapositiva. El ejercicio se desarrolla igual, pero el poder de elección del texto está en manos del alumno.

SECCIÓN 2 ▸ ENSEÑANZA A PARTIR DEL LIBRO DE TEXTO

29 Un juego de partes

AGRADECIMIENTOS

Adivinar partes tapadas de una palabra en un poema era un pasatiempo entre las damas de la corte en Japón en el siglo x. El juego se menciona en *The Pillow Book of Sei Shonagon* (1967, Penguin), y el texto anterior está tomado de la página 210 del mismo libro.

SECCIÓN 2 ▸ ENSEÑANZA A PARTIR DEL LIBRO DE TEXTO

30 ¿Musical, visual-espacial o cinético-corporal?

CONTENIDO	Revisión del vocabulario, los verbos irregulares
IM TRABAJADAS	Musical, visual-espacial y cinético-corporal
NIVEL	De intermedio bajo a avanzado
DURACIÓN	20-30 minutos

PREPARACIÓN

Repase el vocabulario de las tres o cinco unidades precedentes y elija las palabras que, en su opinión, pertenezcan al área de las inteligencias musical, cinético-corporal o visual-espacial. Elija entre 20 y 30 palabras.

Como alternativa, puede utilizar las palabras que se citan a continuación.

EN EL AULA

1. Pida a cada alumno que haga cuatro columnas en un trozo de papel.

   Dígales que encabecen las columnas con estas palabras:

   Música   Espacio   Movimiento   Ninguna de estas

   Explíqueles que les va a dictar algunas palabras. Deberán decidir rápidamente si esa palabra tiene algo que ver con la música o con alguna de las otras tres categorías y anotarla debajo del título correcto.

   Una palabra puede ir dentro de dos categorías.

2. Dicte las palabras que ha elegido o las que se proponen a continuación:

   Cantar   Correr   Iglesia   Océano   Canario   Patata   Memoria

   Bailar   Allí   Todo recto   Piano   Caballo   Conductor de bus

   Enero   Cómodo   Agudo   Pensamiento   Conducir   Judo

   Profundo   Lejano   Repetición   Lanzar   Gritar   Rana

3. Agrupe a los alumnos de tres en tres para que comparen dónde han colocado cada palabra. Pídales que se concentren en las que crean con seguridad que están bien.

SECCIÓN 2 ▸ ENSEÑANZA A PARTIR DEL LIBRO DE TEXTO

30 ¿Musical, visual-espacial o cinético-corporal?

VARIACIÓN

Pida a cada alumno que pinte una línea a lo largo de su hoja como la siguiente:

| Cosas que hago solo | Cosas que hago con/para los demás |

Explíqueles que va a dictar el infinitivo de algunos verbos irregulares y que deberán elegir en qué posición de la línea los colocarían. Luego, deberán escribir tres formas verbales, dentro de una lista corta y debajo de la parte de la línea que crean que es la correcta.

A continuación se proponen algunos verbos:

Despertarse   Ser/Estar   Leer   Dañar   Comprar

Soñar   Encontrarse con   Cantar   Decir

Nadar   Pagar   Tener   Deletrear   Contar

Agrupe a los alumnos de tres en tres para que comparen los lugares en los que han situado los verbos. Ayúdelos a que comprueben la ortografía y la pronunciación de las formas verbales.

SECCIÓN 2 ▸ ENSEÑANZA A PARTIR DEL LIBRO DE TEXTO

31 Puntuación con percusión

CONTENIDO	Lectura en voz alta, entonación, pausas y puntuación
IM TRABAJADAS	Musical, cinético-corporal y lingüístico-verbal
NIVEL	De elemental a avanzado
DURACIÓN	20-30 minutos

PREPARACIÓN

Elija un pasaje de una unidad de su libro de texto o cualquier otro texto apropiado para el nivel de los alumnos y cuente el número de signos de puntuación que hay en él.

Como alternativa, use el texto «En busca de algo». Estos son los signos de puntuación que aparecen es ese pasaje:

« » ¡ ! . , : ¿ ?

EN EL AULA

1 Escriba en la pizarra los signos de puntuación del pasaje que haya elegido. Asegúrese de que los alumnos conocen el nombre de cada uno de ellos.

2 Divida a la clase en grupos compuestos por el mismo número de personas como signos de puntuación haya en el texto, más uno; si es necesario, dos alumnos pueden compartir un signo de puntuación.

Pida a los alumnos que observen el texto elegido.

Explique que el alumno de cada grupo que no tenga un signo de puntuación, leerá el texto en voz alta y, que los otros elegirán cada uno un signo de puntuación y un sonido y una acción para representarlo. Un alumno debe dar una palmada para un punto y final, otro debe hacer crujir una bolsa de patatas para representar las comillas y un tercero debe toser para expresar una coma.

Permita que los alumnos se tomen su tiempo para elegir los sonidos que quieran y luego pida a cada grupo que practique leyendo el texto en voz alta y con los sonidos en el lugar del signo de puntuación. Los grupos hacen esta tarea de forma simultánea.

SECCIÓN 2 ▸ ENSEÑANZA A PARTIR DEL LIBRO DE TEXTO

31 Puntuación con percusión

Así pues, la frase «*Bésame*», ¡*dijo!* iría así:

ALUMNO A:	palmada
ALUMNO B (lector):	bésame
ALUMNO C:	crujido
ALUMNO A:	palmada
ALUMNO B (lector):	dijo
ALUMNO D:	chasquido

Los alumnos necesitan practicar el pasaje varias veces para que la lectura fluya y que los que produzcan el sonido o la acción con la puntuación entren en el momento justo.

3 Pida a cada grupo que haga una lectura con el sonido elegido para la puntuación delante de la clase.

4 Pida a un grupo completo que decida cuál es el mejor sonido para un punto y aparte. Los alumnos que hacen el sonido para el punto y aparte de cada grupo adoptan este sonido. Dé una vuelta por los grupos y haga lo mismo con los otros cinco signos de puntuación.

Finalmente, invite a un alumno a que lea mientras el grupo completo puntúa con los sonidos que han elegido como los mejores.

Repita el ejercicio más despacio.

Repita el ejercicio más rápido.

Repita el ejercicio más suave, etc.

Una posible lectura:

Buscando algo

John estaba fuera en el jardín buscando algo. Estaba apoyado con sus manos y sus rodillas en un arriate. Su mujer lo vio desde una ventana del piso de arriba, abrió la ventana y le dijo:

«¿Qué estás haciendo?».

«Estoy buscando mis llaves».

«¿Tus llaves? Las perdiste en el jardín, ¿no?», le dijo.

«No, en casa».

«Entonces, ¿por qué las estás buscando en el jardín?».

31 Puntuación con percusión

Se enderezó y miró hacia ella:
«¡La luz es mejor en el jardín!».

AGRADECIMIENTOS

Supimos de esta actividad gracias a Maggie Farrer, Directora de University of First Age, Birmingham, RU, en la que todo el trabajo que se realiza sigue la línea de las inteligencias múltiples. En 1998, esta Universidad ofreció cursos de verano para más de 2000 niños.

Sección 3
Prestar atención

SECCIÓN 3 ▸ PRESTAR ATENCIÓN

32 Hablar como otra persona

CONTENIDO	Formular preguntas, hablar de uno mismo, comprensión oral, presentación de habilidades
IM TRABAJADAS	Interpersonal e intrapersonal
NIVEL	De intermedio en adelante
DURACIÓN	30-40 minutos (dependiendo del tamaño de la clase)

PREPARACIÓN

Ninguna.

EN EL AULA

1. Pida a los alumnos que trabajen en parejas y que elijan preferiblemente a un compañero al que no conozcan muy bien.

2. El alumno A empieza formulando preguntas e intenta extraer la máxima información posible del alumno B. Deles 5 minutos para esta tarea.

3. A continuación, que se intercambien los papeles. Deles otros cinco minutos para que B entreviste a A.

4. Pida a los alumnos que cojan papel y bolígrafo y que de forma individual creen un mapa mental o escriban una lista con lo que recuerden de su compañero.

5. Coloque a los alumnos sentados en círculo. Dígales que van a presentar a su compañero al resto del grupo de la siguiente forma:

   Un alumno empieza y se queda de pie detrás del compañero al que está presentando, poniendo las manos sobre los hombros de la otra persona, si la cultura lo permite, y habla como si fuese la otra persona (en primera persona del singular). El alumno al que se está presentando escucha sin interrumpir.

   Pídales que se den cuenta de sus propias reacciones cuando los presentan y de las de los demás. Cada alumno tiene un máximo de 2 minutos para presentar a su compañero.

6. Pregúnteles cómo se sienten durante el trascurso de la actividad y deles la oportunidad de «corregir» algo que hayan dicho sobre ellos o que añadan información si quieren.

SECCIÓN 3 ▸ PRESTAR ATENCIÓN

32 Hablar como otra persona

NOTA

Esta actividad funciona mejor al principio de curso. Si tiene más de 16 alumnos, siga los pasos 5 y 6 haciendo dos grupos diferentes. Hemos observado que la fase de reanálisis funciona mejor con grupos de 8 a 16 personas.

VARIACIÓN

Si quisiera utilizar este ejercicio después del comienzo del curso, pida a los alumnos que cada uno entreviste a una persona que conozca bien, como por ejemplo un familiar. En la sesión de *feed-back* el alumno reportero dice *Soy X; el tío de Juani*; siendo Juani un compañero de clase.

SECCIÓN 3 ▸ PRESTAR ATENCIÓN

33 Múltiples entrevistadores

CONTENIDO	Comprensión oral y uso de la forma interrogativa
IM TRABAJADAS	Interpersonal
NIVEL	De elemental a avanzado
DURACIÓN	15-20 minutos

PREPARACIÓN

Ninguna.

EN EL AULA

1. Pida a un alumno que salga voluntario para que se le entreviste sobre un tema que él elija y pida también un voluntario para entrevistarlo.

2. Explique al grupo que si en algún momento alguien quiere relevar al entrevistador, solo tiene que levantarse y tocar el hombro del entrevistador actual y ocupar así su lugar.

   También pueden sustituir al entrevistado de la misma forma y hacerlo en cualquier momento.

3. Aclare que la idea es hacerlo de una forma armoniosa, para que la entrevista se lleve a cabo sin problemas.

AGRADECIMIENTOS

Esta actividad nos la enseñó Penélope Williams.

SECCIÓN 3 ▸ PRESTAR ATENCIÓN

34 Escribir un quinteto

CONTENIDO	Expresión escrita creativa
IM TRABAJADAS	Lingüístico-verbal
NIVEL	Intermedio bajo
DURACIÓN	30-40 minutos (dependiendo del tamaño de la clase)

PREPARACIÓN

Escriba uno o dos ejemplos de quintetos sobre una transparencia o una cartulina (mire el siguiente ejemplo).

EN EL AULA

1. Exponga sus quintetos y léalos a la clase. Ejemplo:

   Solo la edad me explica con certeza
   por qué un alma constante, cual la mía,
   escuchando una idéntica armonía,
   de lo mismo que hoy saca tristeza
   sacaba en otro tiempo la alegría.

2. Cuente a sus alumnos que un quinteto es una forma poética usada hace más de 600 años. Pídales que trabajen en parejas y que encuentren las reglas que caracterizan al quinteto. Son las siguientes:

   - No puede quedar ningún verso suelto.
   - No debe haber más de tres versos seguidos rimando entre sí.
   - Los dos últimos versos no pueden formar un pareado.
   - Todos los versos son de arte mayor consonantes y riman al gusto del poeta.

3. Invite a sus alumnos a que escriban su propio quinteto. Puede sugerirles algún tema o dejar que escriban sobre cualquier cosa que ellos elijan.

AGRADECIMIENTOS

Esta técnica nos la enseñó Hans Eberhard Piepho. Otra idea es pedir a los alumnos que escriban de forma rigurosa como las Mini-sagas (textos narrativos cortos de exactamente 50 palabras con un título de no más de 15 palabras). Véase por ejemplo el libro, *The Book of Mini Sagas*, 1985, Alan Sutton.

SECCIÓN 3 ▶ PRESTAR ATENCIÓN

35 ¿Qué significa?

CONTENIDO	Ambigüedad
IM TRABAJADAS	Lingüístico-verbal y lógico-matemática
NIVEL	Avanzado
DURACIÓN	10-20 minutos

PREPARACIÓN

Haga una fotocopia del siguiente texto para cada alumno.

EN EL AULA

1. Ponga a los alumnos en parejas y pídales que traduzcan el texto juntos; reparta una copia para cada pareja. No diga una palabra sobre la ambigüedad del texto.

   Me pide usted mi opinión sobre X, que ha solicitado una plaza en su departamento. No tengo palabras para elogiarle ni para enumerar sus merecimientos. No hay entre mis alumnos ninguno que se le pueda comparar. Su tesis, que pone claramente de manifiesto su capacidad, es de las que no abundan en nuestros días. Le asombrará la cantidad de conocimientos que domina. Será usted muy afortunado si lo hace trabajar en su departamento.

   (Si tiene una clase con varias lenguas maternas, ponga en parejas al mayor número de alumnos como le sea posible, de acuerdo con su lengua materna, y deje a los otros trabajar solos).

2. Reúna las parejas en grupos de cuatro para comparar sus versiones.

   Pida una votación a mano alzada de aquellos que estarían satisfechos de obtener una referencia como esta.

AGRADECIMIENTOS

Encontramos el texto en la página 43 de *A Mathematician Reads the Newspaper*, John Allen Paulos, 1995, Basic Books, Harper Collins.

(Edición española: *Un matemático lee el periódico*, John Allen Paulos, 1996, Tusquets Editores).

SECCIÓN 3 ▸ PRESTAR ATENCIÓN

36 El giro de una moneda

CONTENIDO	Hacer sugerencias
IM TRABAJADAS	Lógico-matemática y cinético-corporal
NIVEL	De intermedio a avanzado
DURACIÓN	30-45 minutos

PREPARACIÓN

Escriba una tarjeta de solución con cada párrafo (ver A-D más abajo). Copie las suficientes para repartir dos tarjetas a cada grupo de cinco alumnos. Lleve un puñado de monedas a clase, preferiblemente de poco valor.

EN EL AULA

1 Ponga a los alumnos en parejas y pídales que jueguen a apostar 1000 euros ficticios lanzando una moneda. El primer alumno que obtenga seis «caras» será el ganador.

2 Escriba este texto en la pizarra:

> *Juan y su amigo, Pablo, acuerdan que el primero que obtenga cara seis veces ganará.*
> *Un temblor de tierra interrumpe el juego después de ocho lanzamientos y Juan va ganando por cinco caras frente a las tres de Pablo.*
> *¿Qué crees que deberían hacer con los 1000 euros?*

3 Agrupe a los alumnos en grupos de cinco. Dé una tarjeta con solución a cada grupo y pídales que discutan la solución sugerida y propongan otras en una lluvia de ideas, después, que escriban estas en una hoja de papel aparte.

4 Dé una segunda tarjeta con solución a cada grupo.

5 Cada grupo elige su solución preferida de entre las dos tarjetas que tienen ahora, y la lee en voz alta a la clase.

6 Termine con una breve sesión de *feed-back* con toda la clase.

SECCIÓN 3 ▸ PRESTAR ATENCIÓN

36 El giro de una moneda

Textos para las tarjetas con soluciones:

A. *Juan obtiene los 1000 €, dado que la apuesta era a todo o nada y él iba ganando cuando el temblor de tierra interrumpió el juego.*
B. *Cada uno toma la mitad del dinero, ya que el juego resultó no ser una apuesta y este es el modo más amigable de proceder.*
C. *Deberían partir el dinero en proporción al número de caras que obtuvieron. Esto deja a Juan con 5/8 y a Pablo con 3/8 del dinero.*
D. *Si el juego se reiniciara, la única posibilidad de Pablo de ganar sería obtener 3 caras seguidas. La probabilidad de que ocurra esto es de 1 entre 8. Así que Juan debería obtener 7/8 del dinero, dejando a Pablo con 1/8.*

AGRADECIMIENTOS

Debemos esta planificación de lección al matemático francés Pascal; ver página 47 de *A Mathematician Reads the Newspaper* by John Allen Paulos, Basic Books, 1995, Harper Collins.

SECCIÓN 3 ▸ PRESTAR ATENCIÓN

37 Diálogos con el abecedario

CONTENIDO	Expresión escrita de diálogos dentro de una limitación de forma
IM TRABAJADAS	Lingüístico-verbal, intrapersonal e interpersonal
NIVEL	De postprincipiante a intermedio
DURACIÓN	20-30 minutos

PREPARACIÓN

Lleve al aula dos hojas grandes de papel para pegarlas en la pizarra.

EN EL AULA

1. Pida un voluntario que salga a la pizarra y escriba un diálogo con usted. Dígale que escriban la primera línea del diálogo con usted en la parte derecha de la pizarra, mientras que usted escribe con él la primera línea de otro diálogo en la parte izquierda. La primera palabra de ambas frases debe empezar por la letra «A».

2. Cambie de puesto y conteste a la primera línea del otro. (Dígale que le responda de forma simultánea mientras usted contesta). Ambos deben empezar las respuestas con la letra «B».

3. Indique al voluntario que vuelva a su sitio y ponga a los alumnos en parejas. Pida a cada uno de ellos que, siguiendo el modelo descrito anteriormente, utilicen una hoja por separado para que así los miembros de cada pareja escriban un diálogo de forma simultánea. Después, en lugar de cambiar de sitio, el alumno intercambia el papel. La primera línea de cada diálogo ha de empezar por la letra «C». La respuesta ha de empezar por la letra «D» y así sucesivamente. Pídales que escriban seis palabras, para que la última empiece por la letra «H».

4. Pida a tres o cuatro parejas que lean en voz alta sus diálogos.

NOTA

Una restricción arbitraria como la propuesta más arriba a menudo promueve una alta creatividad lingüística.

SECCIÓN 3 ▶ PRESTAR ATENCIÓN

37 Diálogos con el abecedario

VARIACIÓN

Otra «restricción creativa» útil es la de pedir a los alumnos que eviten usar frases afirmativas o negativas y que usen solo preguntas, para que el diálogo quede como sigue:

A: *¿Alguien está listo para irse?*
B: *Bueno, ¿tú qué crees?*
A: *¿Cogemos el coche?*
B: *De eso nada, ¿solo para ir hasta el final de la calle?*
A: *¿Estás seguro? ¿Te das cuenta de cómo es esta calle de larga?*

AGRADECIMIENTOS

La idea principal para este juego la encontramos en la obra de David Crystal titulada *Language Play*, 1998, Penguin.

SECCIÓN 3 ▶ PRESTAR ATENCIÓN

38 ¿Quién da más preguntas?

CONTENIDO	La interrogación
IM TRABAJADAS	Visual-espacial o musical, lógico-matemática, interpersonal y lingüístico-verbal
NIVEL	De postprincipiante a intermedio
DURACIÓN	Entre 30 y 40 minutos

PREPARACIÓN

Traiga a clase una imagen o un objeto grande que todo el mundo pueda ver. De forma alternativa, traiga una grabación musical de entre 3 y 5 minutos de duración.

EN EL AULA

1. Comience con una tormenta de ideas relativa a los elementos interrogativos con los que se inician las preguntas y que los alumnos conozcan, para así proponer una buena lista que incluya *cuándo, dónde, cuánto tiempo, qué, cómo, hay*, etc. Escriba esto en la pizarra.

2. Ponga a los alumnos en parejas y muéstreles la imagen o el objeto elegido o ponga la pieza musical. Explíqueles que cuentan con 10 minutos para escribir tantas preguntas como puedan sobre el objeto/ imagen/música, asimismo, cada pregunta que proponga cada una de las parejas ha de contener información diferente.

3. Pida a cada pareja que cuente el número de preguntas que ha formulado.

4. La pareja que tenga más preguntas, debe leerlas en voz alta y despacio, para que así los demás puedan cuestionar posibles repeticiones de contenido o incorrecciones gramaticales. Cada objeción con la que usted esté de acuerdo, anula la pregunta formulada.

5. La pareja ganadora será aquella que tenga el mayor número de preguntas que queden, es decir, de las que hayan sido aceptadas por la clase y por usted.

6. Indique a cada pareja que escriba en la pizarra sus dos preguntas más interesantes.

7. Pida a la clase que elija las tres que más les guste para responder.

SECCIÓN 3 ▶ PRESTAR ATENCIÓN

38 ¿Quién da más preguntas?

8 Pida a las parejas que clasifiquen en la pizarra las preguntas en subgrupos. Luego, hágales compartir sus categorizaciones.

9 Pregunte a los alumnos qué es lo que hace a una pregunta ser mejor que otra.

VARIANTE

En vez de hacer este ejercicio con una imagen, un objeto o una pieza musical, utilice el apartado de lectura de la presente unidad de su libro de texto.

AGRADECIMIENTOS

Este ejercicio es una adaptación de la obra de Robert Fisher (1997). *Games for Thinking*, Nash Pollock Publishing, p. 39.

SECCIÓN 3 ▶ PRESTAR ATENCIÓN

39 Preguntas dinámicas

CONTENIDO	Formular preguntas, responder preguntas, comprensión oral intensiva
IM TRABAJADAS	Interpersonal, intrapersonal y lógico-matemática
NIVEL	De intermedio bajo en adelante
DURACIÓN	30-40 minutos

PREPARACIÓN

Ninguna.

EN EL AULA

1. Pida a cada alumno que piense en tres preguntas que le gustaría que le hicieran delante de toda la clase. Las preguntas deberán ser «abiertas», es decir, no de las que se espera una respuesta Sí/No. Pida a los alumnos que escriban cada una de las preguntas de manera legible en un papel aparte y en letras mayúsculas de imprenta, para que los demás no puedan adivinar fácilmente quién es el autor.

2. Ahora deben poner todos los papeles en una caja.

3. Mezcle los papeles y que cada alumno saque una pregunta.

4. Deles tiempo para decidir quién puede haber escrito la pregunta que han sacado (especulando a quién le podría gustar que le hagan esa pregunta). Pídales que le hagan la pregunta a la persona. Esta persona deberá responder entonces a la pregunta. Si no es la persona que escribió la pregunta, deberá, no obstante, responderla como si la hubiera escrito.

5. Cuando una pregunta ha sido formulada y contestada, hay un tiempo de silencio de alrededor de un minuto. En este tiempo, los alumnos deberán especular sobre si la persona a la que se le ha hecho la pregunta es la misma que la había escrito, y por qué piensan que es así o por qué no. Entonces deberán tomar notas de sus pensamientos.

6. Haga que continúen hasta que todos los miembros del grupo hayan hecho una pregunta.

7. Pida a los alumnos que trabajen en grupos y comparen sus notas.

8. En un debate con toda la clase, dé a los alumnos la oportunidad de preguntar cualquier cosa que quieran sobre el tema en cuestión, p. ej.: quién había escrito una determinada pregunta.

SECCIÓN 3 ▶ PRESTAR ATENCIÓN

40 Circuitos interactivos para grupos

CONTENIDO	Prestar atención a los detalles, leer en voz alta
IM TRABAJADAS	Interpersonal, lingüístico-verbal
NIVEL	De principiante en adelante; el ejemplo dado aquí es intermedio bajo
DURACIÓN	10 minutos

PREPARACIÓN

Elabore un paquete de tarjetas para su propio juego de circuito interactivo, o copie las tarjetas de la página 75 y recórtelas.

EN EL AULA

1. Dé a cada alumno una tarjeta. Si sobran tarjetas, reparta a algunos alumnos una segunda tarjeta. Si el número de alumnos de su clase excede el número de tarjetas, elabore más tarjetas siguiendo el procedimiento descrito en el apartado *Elaborar su propio juego de circuito interactivo*.

2. Pida a los alumnos que lean sus cartas, y que le consulten si no conocen un significado o una pronunciación.

3. Dígales que cualquiera de ellos puede comenzar el juego leyendo en voz alta la pregunta de su tarjeta. Si el juego se desarrolla correctamente, la persona que empiece será también la que lo termine. Pídales que la lean en voz alta y clara.

4. Un alumno comienza leyendo la pregunta de su tarjeta. Quien crea que tiene la respuesta en su tarjeta la lee. Si acierta, lee la pregunta que tiene en su tarjeta. Si no acierta, otro compañero lo intenta leyendo su respuesta.

5. El juego termina cuando se hayan leído todas las preguntas y respuestas. Puede repetirse tan a menudo como sus alumnos lo deseen, pidiendo a un estudiante que recoja las tarjetas, las baraje y las reparta de nuevo.

VARIANTES

El juego de circuito se puede utilizar de muchas maneras para repasar y practicar:

- Usando áreas lingüísticas específicas como:

40 Circuitos interactivos para grupos

- sinónimos/antónimos (p.ej. *¿Cuál es el sinónimo de* amigo*? Colega. ¿Cuál es el antónimo de* aburrido*? Excitante*).
- descripciones y estructuras gramaticales (p.ej. *¿Cuál es el superlativo de* bueno*? Mejor*).
- Definiciones y palabras (p.ej. *¿Cuál es el significado de* claustrofobia*? Una sensación incómoda que algunas personas tienen cuando están en lugares pequeños y cerrados*).
- preguntas y respuestas (p.ej. *¿Qué hiciste durante el fin de semana? Fui a navegar con Mario*).

N.B.: (Cada pregunta debe tener sólo una respuesta posible).

■ Usando áreas de contenido específico como:
  - un juego de preguntas relativas al contenido de las historias de su libro de texto.
  - un juego de preguntas interdisciplinares sobre un área de su elección.
  - un juego de preguntas de conocimiento general.

Elaborar su propio juego de circuito interactivo

Usted puede hacerse el juego de circuito a medida para el número de alumnos que haya en su clase. Vamos a suponer que tiene 25 alumnos y quiere diseñar para esta clase un juego de circuito interactivo para practicar sinónimos/antónimos. Prepare 25 tarjetas, cada una de unos 5 x 8 cm. Escriba una pregunta en la parte inferior de la primera tarjeta, p.ej.:

Tarjeta 1

¿Qué es lo contrario de *feo*?

Escriba la respuesta en la mitad superior de la segunda tarjeta, y otra pregunta en la mitad inferior de la misma tarjeta, p.ej.:

Tarjeta 2

Bonito.
¿Cuál es el sinónimo de *vacío*?

SECCIÓN 3 ▶ PRESTAR ATENCIÓN

40 Circuitos interactivos para grupos

Continúe así con el resto de las tarjetas. Cuando llegue a la pregunta de la tarjeta 25, escriba la respuesta a esta pregunta en la mitad superior de la primera tarjeta. Esto completa el circuito.

VARIANTES

Esta simple técnica se puede utilizar de forma útil en el aula de idiomas, haciendo uso del material de cualquiera de las otras inteligencias. Aquí se muestra como podrían ser algunas de estas tarjetas en el área matemática:

Ejemplo 1:

Yo tengo 3.	Yo tengo 9.
¿Quién tiene el cuadrado de esto?	*¿Quién tiene la raíz cuadrada de esto más 2?*

Yo tengo 5.	Yo tengo 25.
¿Quién tiene el cuadrado de esto?	*¿Quién tiene la raíz cuadrada de esto menos 1?*

Ejemplo 2: (tarjetas aleatorias)

Tengo un ángulo agudo.	Tengo un ángulo obtuso.
¿Quién tiene un ángulo de más de 90°?	*¿Quién tiene el nombre de la longitud de la circunferencia?*

AGRADECIMIENTOS

La idea de este tipo de ejercicio fue extraída del libro, *Think Math! Interactive Loops for Groups*, de Dale Bulla, 1996, Zephyr Press, Tucson, Arizona.

SECCIÓN 3 ▸ PRESTAR ATENCIÓN

41 Suponiendo

CONTENIDO	Expresión escrita y comprensión oral
IM TRABAJADAS	Interpersonal e intrapersonal
NIVEL	De intermedio bajo en adelante
DURACIÓN	15-20 minutos

PREPARACIÓN

Ninguna.

EN EL AULA

1. Pregunte a sus alumnos si conocen a alguna persona a la que parezca que se le da bien adivinar lo que pasa por la mente de otros. Pídales un ejemplo de una experiencia con esa persona.

2. Pida a sus alumnos que trabajen en parejas y que escriban tres frases sobre su pareja que sean suposiciones. Dígales que no compartan aún las suposiciones. Si lo prefiere, puede darles un marco temático para sus suposiciones, p.ej. su infancia. Puede darles algunos ejemplos:

    Creo que fuiste hijo único y tuviste todo el amor y atención de tus padres.
    Creo que fue muy importante para tu madre que siempre cuidases la forma de vestir.
    Posiblemente a tu padre le interesaba el deporte y te enseñó a practicar varios. Él estaba orgulloso de ti cuando ganabas una competición.

3. Diga a la clase que el alumno A de cada grupo cerrará los ojos, mientras su compañero le leerá lentamente sus suposiciones. Después de cada declaración, hay una breve pausa para permitir al oyente reflexionar. Cuando se hayan leído las tres declaraciones, los oyentes abrirán los ojos para anotar sus pensamientos.

4. Las parejas intercambian los roles.

5. Cuando hayan terminado, deles unos cinco minutos para compartir sus anotaciones y sus sentimientos durante la actividad.

NOTA

Este es un ejercicio muy personal. Hace uso y ayuda a desarrollar la empatía con otros, la habilidad para «ponerse en el lugar del otro». Se puede utilizar mejor cuando los alumnos se conocen entre sí bastante bien.

SECCIÓN 3 ▶ PRESTAR ATENCIÓN

42 La verdad sobre mí

CONTENIDO	Expresión escrita, expresión oral
IM TRABAJADAS	Interpersonal e intrapersonal, lógico-matemática
NIVEL	De intermedio bajo a intermedio
DURACIÓN	40 minutos

PREPARACIÓN

Ninguna.

EN EL AULA

1. Haga que cada alumno escriba seis frases sobre sí mismo. Entre dos y cuatro de estas frases deben ser mentira.

2. Divida la clase en grupos de cuatro. Un alumno comienza dictando a su grupo las frases que haya escrito. El alumno les dice a los demás cuántas de sus frases son mentira, pero no cuáles.

3. La clase discute las frases, para decidir cuáles creen que son verdad y cuáles mentira, y por qué.

4. Después le dicen a la persona que ha dictado lo que piensan de sus frases, y le dan sus razones. El alumno escucha, pero no comenta nada. Solo cuando han terminado sus comentarios revela cuáles eran las mentiras. Los demás ahora también tienen la oportunidad de hacer preguntas.

5. Pida a los alumnos que repitan los pasos anteriores tres veces, de forma que todos tengan la oportunidad de dictar sus declaraciones verdaderas/falsas.

VARIANTE

Si se hace con alumnos jóvenes, resulta interesante que escriba frases sobre usted mismo en la pizarra. Los estudiantes a menudo quieren conocer mejor a su profesor, y este juego ofrece una excelente oportunidad para ello. Desde un punto de vista psicológico, el juego es interesante porque permite a los alumnos darse cuenta de sus propias suposiciones sobre su profesor y compararlas con la realidad.

AGRADECIMIENTOS

Aprendimos esta actividad de Philip Prowse.

SECCIÓN 3 ▸ PRESTAR ATENCIÓN

43 ¿Cuántas preguntas en un minuto?

CONTENIDO	Elaboración de preguntas
IM TRABAJADAS	Interpersonal e intrapersonal
NIVEL	De intermedio bajo a avanzado
DURACIÓN	10 minutos

PREPARACIÓN

Ninguna.

EN EL AULA

<u>1</u> Explique el procedimiento completo para la primera actividad:

Los alumnos trabajan en parejas. El alumno A hace al B tantas preguntas como pueda en un minuto. B no responde a ninguna de las preguntas inmediatamente.

Cuando haya transcurrido el minuto, se quedan un momento en silencio para que B trate de recordar las preguntas. B debería ahora responder a tantas de esas preguntas como pueda, y entre las respuestas que da, decir una mentira.

A observa y escucha las respuestas de B y cuando piensa que ha descubierto la mentira, debe recordarla, pero no decírsela inmediatamente a B.

Cuando B ha terminado de responder a todas las preguntas que ha recordado/querido recordar, A y B se intercambian los papeles.

<u>2</u> Después, dé a las parejas unos minutos para decirse el uno al otro cuáles creen que fueron las mentiras, y cómo se dieron cuenta de ellas.

AGRADECIMIENTOS

La idea de hacer que los alumnos descubran las manipulaciones de la realidad de los otros se ha utilizado en muchas clases de forma muy satisfactoria. Nosotros la aprendimos de Andrew Wright.

SECCIÓN 3 ▸ PRESTAR ATENCIÓN

44 Pasando una palabra en círculo

CONTENIDO	En la parte 1: vocabulario general En la parte 2: entonaciones y sonidos
IM TRABAJADAS	Expresar sonidos, palabras y frases en base al área cinético-corporal
NIVEL	De postprincipiante a avanzado
DURACIÓN	Parte 1: 15-20 minutos Parte 2: 10 minutos

PREPARACIÓN

Ninguna.

EN EL AULA

PARTE 1

1. Esta actividad se realiza con los alumnos en silencio:

   Pida a los alumnos que se pongan en círculo, (si tiene una clase numerosa, ponga a la mitad en círculo y, a la otra mitad, unos dentro del círculo y otros sentados alrededor de este, mirando). Elija a un alumno para que se **imagine** que está sujetando un objeto. No debe decir de qué se trata. Está sintiendo su peso y su temperatura, su textura. Luego, se lo pasa a la persona que tiene a su derecha y que tiende su mano para recibirlo.

   Esta persona puede o bien pasar el objeto como cree que es o cambiarlo.

   El siguiente compañero lo recibe, etc.

2. Indique a un alumno que escriba en la pizarra las palabras que sean nuevas para el grupo. Luego, pídale al primero que pasó el objeto que le cuente al grupo lo que le ha dado a su compañero de al lado.

   La segunda persona dirá entonces:

   Recibí un/una…
   …y le dí un/una…

   Aclare a los alumnos que está bien, si lo que han recibido es distinto de lo que han dado.

3. Siga hasta que todos los alumnos del círculo hayan comentado lo que han recibido y lo que han dado.

SECCIÓN 3 ▸ PRESTAR ATENCIÓN

44 Pasando una palabra en círculo

PARTE 2

<u>4</u>   Ahora explique que van a realizar un juego similar, pero esta vez con palabras y frases. Ahuecando las manos y «sosteniendo» mentalmente la palabra con ellas, «pásele» la palabra y dígasela alto y claro al compañero que tiene al lado en el círculo. Este se gira «con la palabra en sus manos» y se la da a la siguiente persona, y así sucesivamente por todo el grupo.

<u>5</u>   Dado que la palabra o la frase va a dar la vuelta, puede que llegue a pronunciarse de forma incorrecta. Así que si esto ocurre, vaya hacia el alumno que cometió error y con sus manos ahuecadas llévese la palabra a la siguiente persona y désela a alguien que esté más adelante de la persona que cometió el error. Haga esto con delicadeza y disimuladamente, sin mirar a la persona que se equivocó. Si se vuelven a equivocar, déjelo pasar.

SECCIÓN 3 ▶ PRESTAR ATENCIÓN

45 Chistes visual-espaciales

CONTENIDO	Escuchar (entender frases clave de un chiste) y expresión oral
IM TRABAJADAS	Visual-espacial y lógico-matemática
NIVEL	Intermedio
DURACIÓN	20-30 minutos

PREPARACIÓN

Haga copias de la hoja de chistes (página 114). Si le gusta contar chistes, prepárese para contar los que le proponemos.

EN EL AULA

1 Cuente a la clase los chistes, o entrégueles la hoja con los chistes para que los lean.

2 Pídales que voten qué chistes les han gustado más y cuáles les han gustado menos.

3 Dicte estas preguntas al grupo:

Cuando leíste o escuchaste los chistes, ¿qué clase de lugares te vinieron a la mente?

Cuando estabas mirando estos lugares, ¿eras un espectador o parte de la escena?

¿Qué lugares te producían el sentimiento más fuerte?

Ellos responden a las preguntas en grupos de cuatro o cinco.

4 Pídales que traduzcan el chiste que más les gustó, para que lo prueben con la familia en casa.

SECCIÓN 3 ▶ PRESTAR ATENCIÓN

45 Chistes visual-espaciales

Hoja de chistes

Están un cirujano, un ingeniero y una informática discutiendo acerca de cuál es la profesión más antigua del mundo:

El médico dice: «Pues está claro: Dios creó a la mujer con una costilla del hombre, una operación quirúrgica exquisita. Entonces los cirujanos somos los primeros».

El ingeniero: «Qué va, qué va, antes del hombre existía el caos, pura desorganización y va Dios y con una maestría extraordinaria hace un proyecto de ingeniería asombroso y crea el universo. Por tanto la Ingeniería es la profesión más antigua».

La informática: «¿Y quién creen ustedes que creó el Caos?».

———

Una mujer va de compras, y en una tienda ve un armario desmontable majísimo y decide comprarlo. Llega a su casa y lo monta ella sola toda contenta.

De pronto pasa el autobús por la calle y el armario se desmonta solo. La mujer sorprendida vuelve a montar el armario, pero vuelve a pasar el autobús y ¡plum!, el armario se desmonta y se cae al suelo otra vez. Entonces decide llamar a su vecino para que la ayude diciéndole que cada vez que pasa el autobús el armario se desmonta solo.

El vecino lo monta apretando bien todas las tuercas y tornillos y luego deciden esperar a que pase el autobús a ver qué pasa. Esperan unos minutos y al pasar el vehículo el armario se vuelve a desmontar.

Increíble, exclaman los dos. «Mire», le dice el vecino a la mujer, «voy a meterme en el armario y cuando pase el autobús voy a saber por qué se cae». El hombre entra en el armario y espera.

En esto llega el marido y abre el armario para dejar su chaqueta y ve al vecino.

«Pero ¿qué significa esto?».

«No me va usted a creer pero estaba esperando el autobús…».

SECCIÓN 3 ▶ PRESTAR ATENCIÓN

46 Experiencias musicales

CONTENIDO	Hablar sobre experiencias pasadas
IM TRABAJADAS	Musical e interpersonal
NIVEL	De intermedio bajo a avanzado
DURACIÓN	10-20 minutos

PREPARACIÓN

Prepárese para contarle a la clase tres experiencias musicales propias.

EN EL AULA

1. Cuente a la clase tres momentos de su vida relacionados con la música.
2. Pídales que trabajen de tres en tres y que compartan tres situaciones propias relacionadas con la música.

AGRADECIMIENTOS

Conocimos esta actividad gracias a Clement Laroy durante un taller en Bruselas.

SECCIÓN 3 ▸ PRESTAR ATENCIÓN

47 ¿Un nuevo ángulo en mi camino a casa?

CONTENIDO	Lenguaje de geometría
IM TRABAJADAS	Visual-espacial y lógico-matemática
NIVEL	De intermedio bajo a avanzado
DURACIÓN	20-30 minutos

PREPARACIÓN

Ninguna.

EN EL AULA

1. Pida a sus alumnos que se imaginen a ellos mismos saliendo de su escuela, universidad o lugar de trabajo, y poniéndose en camino a casa. Dígales que anoten cuántos giros a la izquierda hacen y cuántos a la derecha.

2. Haga que dibujen un esquema de su ruta a casa, anotando todos los ángulos de todas las curvas y giros en el camino y que observen que algunos ángulos son agudos y otros son obtusos (más de 90°). Pídales que escriban el número aproximado de grados. Si su camino, carretera, vía del tren o vía del metro describe una curva, que estimen el ángulo del giro entero.

3. Ahora indique que marquen 5-10 monumentos o edificios significativos en su ruta.

4. Divida la clase en grupos de tres. Pida a uno de los alumnos que describa su ruta, mientras los otros escuchan con los ojos cerrados. Después de esta escucha a ciegas, querrán mirar al diagrama.

5. Los otros dos alumnos de cada trío describen sus rutas a casa de la misma manera.

NOTA

Algunos alumnos puede que nunca hayan pensado en sus rutas a casa en términos geométricos. Si una persona piensa de una manera nueva sobre algo muy conocido para ella, esto normalmente enriquecerá su posterior descripción.

SECCIÓN 3 ▸ PRESTAR ATENCIÓN

48 Números que son míos

CONTENIDO	Situaciones que incluyen números
IM TRABAJADAS	Lógico-matemática, intrapersonal e interpersonal
NIVEL	De postprincipiante a intermedio
DURACIÓN	20-30 minutos

PREPARACIÓN

Prepárese para decir números que han sido o son importantes en su vida. Para darle ideas, aquí hay algunos números que son importantes para Mario:

- 244 número de teléfono de mi primera casa
- 57 este era mi número de identificación en el internado
- 21004 este era el código postal de mi ciudad
- 1940 mi año de nacimiento
- 6 y 8 porque me gustan sus formas redondeadas
- 4 incluso aunque los japoneses creen que da mala suerte, siempre ha sido un buen número para mí
- 33 Kinnaird Way – el número de mi casa en Cambridge
- 15 20 Picarte quince-veinte – el número de mi casa en Chile
- 504 Decreto quinientos cuatro – permitió a muchos de mis amigos salir de su prisión chilena y llevar su inteligencia al extranjero
- 26 de noviembre de 1994 fecha en la que me cambié de casa
- 9 millas de distancia de mi casa a mi trabajo
- 95 kilos mi peso
- 35 m/h la máxima velocidad de mi ciclomotor Honda cuesta abajo con viento de espalda

EN EL AULA

1. Hable a la clase sobre números que son especiales para usted.
2. Agrúpelos de cuatro en cuatro para que se cuenten unos a otros sus números especiales.

SECCIÓN 3 ▸ PRESTAR ATENCIÓN

49 Cámara humana

CONTENIDO	Descripción visual
IM TRABAJADAS	Cinético-corporal, visual-espacial y lingüístico-verbal
NIVEL	De intermedio bajo a intermedio avanzado
DURACIÓN	10-20 minutos

PREPARACIÓN

Compruebe que la cultura de los alumnos les permite apoyar sus manos en los hombros de los demás.

EN EL AULA

1. Si es posible, trabaje en el exterior. Ponga a los alumnos en parejas.

2. Dígales que el alumno A es el fotógrafo y el B es la «cámara». B permanece de pie con los ojos cerrados, y A se coloca detrás de él, apoyando las manos sobre sus hombros.

   A conduce a B por el espacio disponible, y cuando quiere hacer una fotografía coloca su cámara en la posición correcta, después toma la foto presionando su hombro. B abre los ojos durante tres segundos y recoge y recuerda exactamente lo que ve.

3. A toma tres fotos usando a B como cámara. Después se intercambian los papeles, y B utiliza a A como su cámara.

4. Cuando los alumnos vuelvan, pídales que dibujen un tosco esbozo de las tres fotos que tomaron cuando eran cámaras.

5. Divida la clase en grupos de seis y haga que las cámaras describan al resto del grupo de la forma más precisa que puedan lo que vieron.

AGRADECIMIENTOS

Aprendimos esta actividad en el taller de Peta Grey en una conferencia de la Internacional House.

SECCIÓN 3 ▶ PRESTAR ATENCIÓN

50 Creando un grupo

CONTENIDO	Escuchar y hablar sobre la propia experiencia
IM PROPUESTAS	Interpersonal
NIVEL	De elemental a avanzado
DURACIÓN	20-30 minutos (con adolescentes) 30-40 minutos (con adultos)

PREPARACIÓN

Prepárese para hablar sobre un «buen» grupo y un «mal»[1] grupo al que haya enseñado.

EN EL AULA

1. Hable a los alumnos acerca de una clase a la que haya enseñado y que considere que era un buen grupo. Explique qué le gustaba de ese grupo.

2. Pídales que trabajen en grupos de cuatro, y que cada uno de ellos describa un buen grupo en el que haya estado, ya sea en la escuela o en otro lugar.

3. Reúna a toda la clase de nuevo. Pida a una persona de cada grupo que describa a los compañeros el buen grupo que acaba de describir un miembro del equipo.

4. Hable a los estudiantes acerca de un mal grupo con el que haya trabajado.

5. En sus grupos de cuatro, los alumnos hablan a los demás sobre un mal grupo en el que han estado. Dígales que no se realizará debate del grupo completo sobre esto, y que sus opiniones quedarán en privado con su grupo de cuatro.

6. Pida que cada estudiante le escriba un párrafo sobre sus expectativas en este grupo/clase particular, para que la clase las vea. Recójalas, léalas y, antes de la próxima sesión, póngalas en la pared del aula.

---

1 Mi «mal» grupo puede ser su «buen» grupo; puede sentir que un conflicto intra-grupo es una muestra de honestidad, mientras que yo puedo ser uno de esos profesores que considera el conflicto como algo negativo. Esta es la razón por la que hemos puesto «bien» y «mal» entre comillas.

SECCIÓN 3 ▶ PRESTAR ATENCIÓN

50 Creando un grupo

NOTA

Sugerimos que *no* tenga *feed-back* del grupo completo después del trabajo en grupos de cuatro sobre los malos grupos, puesto que los estudiantes a menudo hablarán de malos profesores… debatir esto con la clase al completo podría ser embarazoso para todos, para ellos y para usted.

Sección 4
Introspección

SECCIÓN 4 ▸ INTROSPECCIÓN

51 Imaginando

CONTENIDO	Comprensión lectora
IM PROPUESTAS	Lingüístico-verbal, visual-espacial
NIVEL	De principiante bajo en adelante
DURACIÓN	Lección 1: 10 minutos Lección 2: 30-40 minutos

PREPARACIÓN

Fotocopie uno de los textos de ejemplo que aparecen más abajo. El texto de ejemplo A (página 125) es para estudiantes de nivel intermedio bajo. El texto de ejemplo B (página 127) es para estudiantes de nivel avanzado. Como alternativa, seleccione un texto apropiado para su clase y elabore preguntas que estimulen la imaginación sensorial como en los modelos siguientes.

LECCIÓN 1

1. Escriba la siguiente frase en la pizarra:

   Miraba a las olas y mientras escuchaba el sonido del agua podía sentir la cálida arena bajo mis pies.

2. Diga esto:

   Me gustaría que leyerais esta frase y después cerrarais los ojos o miraseis en otra dirección. Imaginad que estáis experimentando esta situación en este momento. Permitid a vuestra imaginación recrear la situación descrita en la frase de forma tan vívida como sea posible. Centraos en lo que podéis oír, ver y sentir. Podéis tomaros vuestro tiempo para hacerlo.

3. Pregunte a sus alumnos si encontraron más fácil imaginar las cosas visualmente, oír sonidos o voces, o tener sensaciones. Es importante que muestre una actitud de no juzgarlos. Algunos estudiantes podrían decir, por ejemplo, que encuentran muy difícil ver imágenes en su mente, mientras que les resulta fácil escuchar sonidos, así que deje claro que esto es perfectamente normal.

4. Explique a su clase que va a hacer una actividad similar en la próxima lección, con un texto más largo. Coménteles que les va a entregar un texto y sugerencias que les ayudarán a activar su imaginación mientras lo leen. Díga-

SECCIÓN 4 ▶ INTROSPECCIÓN

51 Imaginando

les que no deberán tener prisa, puesto que dispondrán de tiempo suficiente para experimentar completamente y disfrutar de las imágenes evocadas por el texto.

LECCIÓN 2

1. Reparta el texto. Cuando lo hayan leído hasta llegar a una instrucción, deberían leerla. Después deberían volver atrás de nuevo, y evocar la parte del texto a la que se refiere la instrucción. Recuérdeles la actividad que hicieron en la lección anterior. Dígales que deberían cerrar sus ojos o fijar la vista en otro lugar y, permanecer como máximo un minuto con cada visualización.

2. Dé suficiente tiempo a sus alumnos para moverse por el texto como se describe arriba.

3. Pídales que, en parejas o grupos pequeños, compartan su momento o imagen favorita evocada por el texto.

SECCIÓN 4 ▸ INTROSPECCIÓN

51 Imaginando

MIENTRAS ESTÁS LEYENDO EL TEXTO HAZ ESTO:
Imagina que puedes ver a la Princesa Cornelia frente a ti con su corona centelleando en la luz.

Texto de ejemplo A

La Princesa Cornelia era una osa panda. Era la osa panda más bonita de China. Tenía unos ojos negros grandes, un pelo negro y blanco suave y brillante, y una encantadora sonrisa. Llevaba una corona dorada sobre su cabeza, llena de diamantes y rubíes que centelleaban con la luz.

La princesa tenía un amigo, su nombre era Federico. Era un oso panda también, y era extremadamente guapo. Cornelia amaba a Federico, y él la amaba a ella. Ella quería casarse con él, y él quería casarse con ella, pero el padre de Cornelia, el Rey Simón, estaba en contra de este matrimonio. Le dijo que no podía casarse con un oso panda.

«¿Por qué no, padre? Yo amo a Federico. Quiero casarme con él, y él quiere casarse conmigo», dijo ella.

Imagina que puedes ver al Rey mirando a su hija y escucha cómo le grita.

El Rey miró con fiereza a su hija y le respondió gritando: «Tú eres una princesa panda, y una panda no puede casarse con otro panda. Tú debes casarte con la criatura más fuerte del mundo».

Imagina que puedes ver y escuchar a Cornelia entrando en la cueva y después escucha la suave voz del Sabio.

La Princesa no sabía qué hacer, así que fue a ver al Sabio que vivía en una cueva en el bosque. Ella estaba muy asustada mientras recorría los caminos del bosque. Cuando entró en la cueva, todo estaba en silencio. El único sonido que podía oír eran sus pasos y el goteo del agua sobre las rocas. Estaba muy oscuro dentro de la cueva y le resultaba difícil ver algo. De repente, ella oyó la suave voz del Sabio: «¿Qué puedo hacer por ti, Princesa Cornelia?».

Cornelia le explicó que estaba buscando a la criatura más fuerte del mundo, pero no sabía dónde encontrarla. El Sabio reflexionó durante unos instantes y después respondió: «La criatura más fuerte es el sol. No hay ninguna criatura más fuerte en todo el universo que el sol».

«Entonces por favor, dime cómo puedo encontrarlo», dijo Cornelia.

«Debes recorrer un largo camino. Él vive detrás de la montaña más alta de la tierra», respondió el Sabio.

Así que Cornelia se marchó a encontrar al sol. Después de un largo camino Cornelia llegó a la montaña.

Imagina la situación en la montaña. Cornelia está despertando. Escucha los pájaros y ve el amanecer. Siente la calidez del sol en tu piel.

Entonces comenzó a escalar las empinadas laderas. Cuando cayó la noche se encontraba en mitad de la montaña, y demasiado cansada para continuar. Así que se tumbó sobre una piedra plana y rápidamente se quedó dormida. A la mañana siguiente, la despertó el sonido de cientos de pájaros y conforme abría sus ojos pudo ver los preciosos rayos dorados del sol elevándose sobre las rocas. Después de la fría noche en la montaña era maravilloso sentir la calidez del sol. Ella le llamó: «Mi padre, el Rey Simón, dice que debo casarme con la criatura más fuerte del mundo y, el Sabio del bosque me ha dicho que esa eres tú».

© SGEL - Helbling

SECCIÓN 4 ▶ INTROSPECCIÓN

51 Imaginando

«Oh no, Cornelia», dijo el sol, y se rio. «Yo no soy la criatura más fuerte. Deberías ir a la nube. Ella puede bloquear mi brillo cuando quiera. Mira, aquí viene ahora».

Ve el gran estallido de luz; escucha el trueno y la lluvia sobre la montaña.

En ese momento el sol desapareció. Hubo un gran destello de luz y un trueno y la lluvia comenzó a caer sobre la ladera. Cornelia llamó a la oscura nube que estaba sobre ella: «¡Nube! ¿Puedes oírme?».

Una voz profunda llegó desde la nube, hablando muy despacio: «Sí, Princesa. ¿Qué quieres?».

«Mi padre, el Rey Simón, dice que debo casarme con la criatura más fuerte del mundo. Y el sol me dijo que esa eres tú».

La nube rio. «Yo no soy la criatura más fuerte. El viento es la más fuerte. Él puede soplar y lanzarme lejos siempre que quiera».

Escucha el aullido del viento y ve a Cornelia aferrada a las rocas.

De repente sonó un aullido y un silbido en los oídos de Cornelia y el viento sopló y envió a la nube lejos. Ella tuvo que agarrarse a las rocas para evitar ser lanzada también. «¡Viento! ¡Viento!» dijo por encima del terrible sonido.

Gradualmente el viento amainó y al final habló. «¿Qué es esto? ¿Quién me llama cuando estoy ocupado haciendo mi trabajo?».

«¡Soy yo, aquí abajo!» dijo Cornelia. «Soy la Princesa Cornelia. Mi padre, el Rey Simón, dice que debo casarme con la criatura más fuerte del mundo. Y la nube me dijo que esa eres tú».

El viento rio. «Yo no soy la criatura más fuerte. El bambú es la más fuerte. Yo lo he intentado una y otra vez, pero nunca he podido romperlo».

Escucha el sonido del bosque y el silbido del bambú.

Así que Cornelia descendió de nuevo la montaña e hizo el camino de vuelta al bosque. Mientras andaba por el camino del bosque escuchaba el susurro de las hojas a su alrededor y finalmente escuchó el silbido del bambú.

«Bambú», llamó, «mi padre, el Rey Simón, dice que debo casarme con la criatura más fuerte del mundo. Y el viento me dijo que esa eres tú».

El bambú rio. «Yo no soy la criatura más fuerte. Federico, el oso panda es la más fuerte».

La princesa quedó atónita. «¿Federico? ¿Federico es más fuerte que tú? ¿Por qué?».

«Porque él puede comerme», respondió el bambú.

Así que Cornelia volvió con su padre, el Rey Panda, y le contó la historia.

Imagina que estás tomando parte en la celebración de la boda. Mira los bonitos colores, escucha la música y la gente, y experimenta la alegría y la felicidad.

Seis semanas más tarde el palacio estaba lleno de música agradable y de alegres sonidos de la gente celebrando. La gente vestida con coloridos ropajes estaba bailando en las calles y por todos lados había banderas y guirnaldas de flores. El Rey había dado su permiso para que Cornelia y Federico se casaran y ahora él estaba también muy feliz con la idea.

© SGEL - Helbling

SECCIÓN 4 ▸ INTROSPECCIÓN

51 Imaginando

MIENTRAS ESTÁS LEYENDO EL TEXTO HAZ ESTO:
Imagina la situación cuando Pequeño Árbol despierta y escucha los ruidos que su abuelo está haciendo.

Texto de ejemplo B

Esta historia es un extracto de la novela *The Education of Little Tree* (*La educación de Pequeño Árbol*) de Forrest Carter. Pequeño Árbol es un chico indio que fue criado por sus abuelos después de que sus padres muriesen.

Esta mañana me puse por último los mocasines, después de haberme colado en mi peto y abotonado mi chaqueta. Estaba oscuro y hacía frío –demasiado temprano incluso para que el susurro del viento de la mañana agite los árboles.

El Abuelo había dicho que podía ir con él al gran sendero si me levantaba, porque había dicho que no me despertaría.

«Un hombre se levanta por sí mismo por la mañana», me había dicho sin sonreír. Pero el Abuelo había hecho mucho ruido al levantarse, golpeando la pared de mi habitación y hablando inusualmente alto a la Abuela, de forma que yo lo había oído, y como lo había oído, fui el primero en salir, esperando con los perros en la oscuridad.

«Así que estás aquí», dijo el Abuelo sorprendido.

«Sí, señor», dije y me guardé el orgullo que sentía de mi voz.

El Abuelo señaló con su dedo a los perros saltando y brincando a nuestro alrededor. «Vosotros os quedaréis», ordenó, y ellos metieron sus rabos y lloriquearon y suplicaron y el viejo Maud aulló. Pero no nos siguieron. Se quedaron todos juntos en pequeño grupo sin esperanza, y nos vieron dejar el claro del bosque.

Imagina que eres Pequeño Árbol subiendo por el sendero helado. Estás respirando en el aire frío y tu aliento resulta visible.

El frío aire convertía en nubes de vapor mi aliento y el ramal de primavera caía muy por debajo de nosotros. Ramas desnudas goteaban agua procedente de dientes de hielo que surgían de sus laterales, y conforme fuimos andando más alto apareció hielo en el sendero. La luz gris sustituyó a la oscuridad. El Abuelo se paró y señaló a un lado del camino. «Ahí está –el rastro del pavo– ¿lo ves?» Me puse de rodillas apoyando mis manos en el suelo y vi las huellas: pequeñas marcas parecidas a palitos saliendo de un punto central.

«Ahora», dijo el Abuelo, «prepararemos la trampa». Y salió de la senda hasta que encontró el agujero que había dejado un árbol.

Lo limpiamos, primero las hojas, y después el Abuelo sacó su largo cuchillo, cortó el esponjoso suelo y recogimos la mugre esparciéndola entre las hojas.

Cuando el agujero fue profundo, tanto que no lo podía ver desde el borde, el Abuelo me apartó y arrastramos tres ramas para cubrirlo y, sobre ellas esparcimos un puñado de hojas. Después, con su largo cuchillo, El Abuelo cavó un surco inclinado de forma descendente hacia el agujero y de nuevo hacia las huellas del pavo. Cogió de su bolsillo unos granos de maíz rojo indio, los esparció surco abajo y lanzó un puñado dentro del agujero.

© SGEL - Helbling

SECCIÓN 4 ▸ INTROSPECCIÓN

51 Imaginando

«Ahora iremos nosotros», dijo, y salió de nuevo camino arriba por el gran sendero. Hielo, surgido desde la tierra como una capa de glaseado, crujía bajo nuestros pies. La montaña frente a nosotros se acercaba mientras que muy atrás el aullido se convertía en una escasa rendija, mostrando el ramaje primaveral como el filo de un cuchillo de acero, hundido en lo más profundo de sus grietas.

Imagina el sol saliendo sobre la cumbre de la montaña. Experimenta los sentimientos que el chico y su abuelo están teniendo mientras comen sus galletas agrias y la carne de ciervo observando la montaña.

Nos sentamos sobre las hojas, fuera del sendero, justo cuando el primer sol tocaba lo más alto de las montañas atravesando el aullido. De su bolsillo, el Abuelo sacó una galleta agria y la carne de ciervo y observamos la montaña mientras comíamos.

El sol golpeó la cumbre como una explosión, enviando una lluvia de brillos y destellos al aire. El brillo de los árboles helados hería los ojos al mirarlos, y descendía por la montaña como una onda conforme el sol dejaba la sombra de la noche cada vez más abajo.

Visualiza cómo el halcón desciende a toda velocidad la ladera de la montaña y atrapa a la codorniz.

No había nubes pero al principio no vi la mota que llegó sobre el borde de la montaña. Se hizo más grande. Cara al sol, de forma que la sombra no estaba delante de él, el pájaro marchó a toda velocidad montaña abajo, un esquiador en las copas de los árboles, las alas medio plegadas… como una bala marrón… cada vez más rápido, hacia las codornices.

El Abuelo rio entre dientes, «Es el viejo Tal-con, el halcón».

Las codornices se elevaron a toda velocidad entre los árboles –pero una fue más lenta. El halcón golpeó. Volaron plumas en el aire y después los pájaros se posaron en el suelo, la cabeza del halcón arriba y abajo con los golpes mortales. De repente se elevó con la codorniz muerta en sus garras, de vuelta subiendo por la ladera y sobre el borde de la montaña.

Imagina que eres el abuelo de Pequeño Árbol que se da cuenta de que su nieto parece triste porque el halcón ha matado a la codorniz. Céntrate en lo que «tú» estás sintiendo mientras «tú» estás explicando a Pequeño Árbol que este es El Camino.

No lloré, pero sé que miré con tristeza, porque el Abuelo dijo, «no estés triste, Pequeño Árbol. Ese es El Camino. Tal-con atrapó a la lenta y de esta forma la lenta no criará hijos que también serán lentos. Tal-con come un centenar de ratas que comen los huevos de la codorniz –ambos los huevos rápidos y los lentos– y de esta forma Tal-con vive según El Camino. Él ayuda a la codorniz».

«Ese es El Camino», dijo en voz queda. «Toma solo lo que necesitas. Cuando tomes al ciervo, no tomes al mejor. Toma al más pequeño y más lento y entonces el ciervo crecerá más fuerte y siempre te dará carne. Pa-koh, la pantera, lo sabe y así lo debes saber tú».

Y rio, «Solo Ti-bi, la abeja, almacena más de lo que puede utilizar… y por eso el oso la roba, y el mapache… y el Cherokee. Así ocurre con las personas que almacenan y engordan con más de lo que comparten. Se lo quitarán. Y habrá guerras por ello… y tendrán largas charlas, intentando guardar más de lo que comparten. Dirán que una bandera les da derecho a hacerlo… y los hombres

© SGEL - Helbling

SECCIÓN 4 ▶ INTROSPECCIÓN

51 Imaginando

morirán a causa de las palabras y de la bandera, pero ellos no cambiarán las reglas de El Camino».

Imagina que estás de pie junto a la trampa para pavos. Escucha los sonidos que están haciendo los pavos.

Volvimos sendero abajo, y el sol estaba alto sobre nosotros cuando llegamos a la trampa para pavos. Podíamos oírlos antes de ver la trampa. Estaban allí, engullendo y haciendo sonoros silbidos de alarma.

El Abuelo se estiró en toda su longitud dentro del agujero y sacó un gran y graznante pavo, ató sus patas con una cuerda y me sonrió.

El Abuelo sacó algunos pavos, los colocó fuera sobre el suelo, con las patas atadas. Había seis, y ahora los señaló. «Todos son más o menos de la misma edad, puedes verlo por el grosor de la cresta Solo necesitamos tres, así que ahora elije, Pequeño Árbol».

Imagina que eres Pequeño Árbol. Experiméntate andando alrededor de los pavos y finalmente sacando los tres más pequeños que puedes encontrar.

Anduve alrededor de ellos, desplomándome pesadamente en el suelo. Me puse en cuclillas y los estudié, y anduve de nuevo alrededor de ellos. Tenía que tener cuidado. Me puse a cuatro patas y gateé entre ellos hasta que elegí a los tres más pequeños que encontré.

El Abuelo no dijo nada. Quitó las cuerdas de las patas de los otros y comenzaron a volar, aleteando ladera abajo. Colgó dos de los pavos sobre sus hombros. «¿Puedes llevar el otro?» preguntó.

«Sí, señor», dije, sin estar seguro de haberlo hecho bien. Una sonrisilla apareció en la huesuda cara de El Abuelo. «Si no fueses Pequeño Árbol… te llamaría Pequeño Halcón».

Imagina que eres Pequeño Árbol. Siente el peso del pavo sobre tu hombro mientras sigues a tu abuelo sendero abajo. Observa los dibujos dorados que el sol crea cuando brilla a través de las ramas de los árboles. Escucha al Abuelo tarareando una melodía y siente lo que significa haber aprendido El Camino.

Seguí al Abuelo sendero abajo. El pavo era pesado, pero lo sentía bien sobre mi hombro. El sol se había inclinado sobre la montaña principal y se movía entre las ramas de los árboles cercanos al sendero, formando ardientes figuras doradas por donde andábamos. El viento había parado en esa tardía tarde de invierno y escuchaba al Abuelo, delante de mí, tarareando una melodía. Me habría gustado vivir ese momento para siempre… porque sabía que había agradado al Abuelo. Había aprendido El Camino.

© SGEL - Helbling

SECCIÓN 4 ▸ INTROSPECCIÓN

52 Concentración en el lenguaje

CONTENIDO	Comprensión escrita y expresión oral
IM TRABAJADAS	Lingüístico-verbal, intrapersonal e interpersonal
NIVEL	De intermedio bajo en adelante (el texto del ejemplo es para un nivel intermedio)
DURACIÓN	10 minutos

PREPARACIÓN

Elija una frase o un poema corto; use el ejemplo de la página 100 o uno suyo propio. Haga una copia del poema para cada alumno.

EN EL AULA

1. Si el espacio lo permite, pida a los alumnos que elijan de forma individual un sitio para sentarse en el que nadie les moleste. Si no están acostumbrados a trabajar de manera intrapersonal, puede que quiera sugerirles que se sienten de cara a la pared de la clase.

2. Reparta el texto y pida a los alumnos que lo lean en silencio.

3. Cuando hayan finalizado, explíqueles que escuchar y leer en la segunda lengua es mucho más fácil cuando se entra en un estado de relajada concentración.

    Hoy va a enseñarles una técnica que también pueden encontrar útil antes de un examen. Anímelos a que cierren los ojos durante unos minutos y que tomen aire profundamente varias veces para relajarse. Pídales que se concentren en las sensaciones de su cuerpo, p.ej. ser conscientes de su propia respiración.

4. Pasados unos dos o tres minutos, dígales que abran los ojos y que pongan de nuevo toda su atención en el texto que tienen delante. Propóngales que se centren en el texto con la mente abierta y clara, sin analizarlo.

5. Dígales que no deben preocuparse si se distraen. Si su atención empieza a desviarse deberían simplemente darse cuenta de sus pensamientos, ponerlos con cuidado a un lado y volver de nuevo al texto.

6. Concluya este ejercicio pasados cuatro minutos o hágalo con cada estudiante en silencio para repercutir en su proceso de puesta de atención.

SECCIÓN 4 ▸ INTROSPECCIÓN

52 Concentración en el lenguaje

Luego, comience un debate sobre este tema por parejas, por grupos o con la clase entera.

NOTA

La habilidad de centrar la atención de alguien y enseñar a cómo mantenerla durante un largo periodo de tiempo es una habilidad importante que tienen normalmente las personas con una gran inteligencia intrapersonal. Se trata también de una habilidad cognitiva que los psicólogos reivindican, ya que constituye una importante base para el desarrollo de un determinado número de las llamadas habilidades cognitivas de orden superior, como por ejemplo la categorización o el pensamiento crítico. Véase por ejemplo el excelente libro de Robert Fisher, *Teaching Children to Think*, Stanley Thornes, 1992, Cheltenham.

Magia

Tiene que ser algo mágico,
Si no,
¿cómo puede el día tornarse noche?
Y ¿cómo pueden los barcos de vela
Si no,
Perderse en el horizonte navegando?
Y ¿cómo pueden las avellanas
Estar cubiertas con esa apretada piel?

SECCIÓN 4 ▸ INTROSPECCIÓN

53 Cuestionario intrapersonal

CONTENIDO	La forma interrogativa
IM TRABAJADAS	Intrapersonal e interpersonal
NIVEL	De intermedio bajo a avanzado
DURACIÓN	10-15 minutos

PREPARACIÓN

Ninguna.

EN EL AULA

1. Explique a los alumnos que les va a dictar un cuestionario pero que una vez que hayan terminado de copiarlo, no se va a discutir sobre las respuestas a las preguntas; pasará directamente a otro ejercicio.

2. Dicte las preguntas y deje medio minuto de silencio después de dictar la última y antes de pasar a la siguiente lección.

Cuestionario sobre alumnos atrevidos frente a tímidos

- ¿Debería proponérmelo y hablar más?
- ¿Es realmente necesario hablar cuando no quiero decir nada?
- ¿Se da cuenta el profesor de que no abro la boca a menudo?
- ¿Me pregunto por qué me siento mejor hablando en un grupo reducido?
- ¿Piensa alguna gente que hablo demasiado en clase?
- ¿Si hablase menos hablarían más los demás?
- ¿Hablo más en la clase de español que en las demás asignaturas?
- ¿No habla mucho el profesor?

NOTA

Hay momentos en los que el profesor quiere que los alumnos se den cuenta de que es consciente de algo y que siente que los alumnos deberían serlo también, pero no cree que podría resultar útil una debate abierto en clase sobre este tema o temas. En esta situación, los *Cuestionarios Intrapersonales* resultan ser una herramienta accesible. Aquí se le presenta uno, pero el mejor de todos sería uno que usted crease para situaciones específicas. Otra herramienta práctica para esta área son las historias metafóricas o las parábolas.

SECCIÓN 4 ▶ INTROSPECCIÓN

54 Bajando un río

CONTENIDO	Comprensión oral
IM TRABAJADAS	Los alumnos pasan de la cinético-corporal a la visual-espacial
NIVEL	De intermedio alto a avanzado
DURACIÓN	15-20 minutos

PREPARACIÓN

Prepárese para leer el sueño guiado detenidamente y con fluidez.

EN EL AULA

1. Explique a la clase que se van a relajar y a escuchar el viaje por un río de un cangrejo de agua dulce. Mientras escuchan las experiencias del cangrejo, deben imaginarse a ellos mismos andando por la orilla del mismo río y disfrutando de su propia visión.

2. Recomiende a los estudiantes que se relajen. Lea detenidamente y con fluidez. Haga pausas largas cuando llegue a «…» para darles tiempo de procesar lo que está diciendo. Pronuncie las palabras despacio y con voz profunda. Vaya más rápido solo cuando lo pida el texto.

El viaje de un Cangrejo

Puedo sentir la arena y las piedras debajo de mis pinzas y podría quedarme aquí durante mucho tiempo… el agua fluye tranquilamente a mi alrededor y… la aparto desde el fondo con mis pinzas…

Uf, ahora me estoy moviendo más rápido río abajo, ahora… el agua me está pasando como un remolino y cambia de velocidad todo el tiempo… Primero rápido… Luego lento… Luego rápido otra vez… alrededor de una roca… y… BUMP, BUMP, contra otra.

Parece que estoy dentro de un gran volumen de agua… moviéndome rápido y firmemente… río abajo… a veces paso por encima de las piedras desde el fondo… y luego el agua me bordea y brota por debajo de la superficie… allí… con una pinza fuera del agua… el agua me rodea despacio y hace que me tambalee hacia adelante…

SECCIÓN 4 ▸ INTROSPECCIÓN

54 Bajando un río

Aaaaaaah… Me caigo… para abajo, abajo, abajo… con una cortina de agua que me rodea… UN GOLPE SECO, menos mal que la roca del fondo estaba cubierta de musgo… si no habría destrozado mi caparazón…

Es distinto aquí abajo… realmente diferente, quiero decir que hay muchas cosas que flotan en el agua… y yo doy vueltas… haciendo grandes y lentos círculos… un buen sentimiento después de esta carrera por el agua… una sensación verdaderamente agradable…

Y la corriente… es tan lenta que no era del todo una corriente fuerte. … La corriente parecía que me llevaba haciendo semicírculos… primero a la derecha y luego… a la izquierda… El agua es… diferente ahora… más fuerte… y llena de cosas… sabe a suciedad…

Yuk… grrr –aaaah–. No he probado nada más horrible. … ¿Qué es?… y ahora el agua se está yendo… ¿Qué está pasando?… ¿A dónde voy?… El sabor es asqueroso… este agua está salada… voy a la orilla… salto fuera.

Pídales que se pongan en parejas para que se cuenten un poco sobre lo que han visto y sentido, o que se queden solos en un estado intrapersonal. Si eligen hacer esto último, pueden escribir algo sobre la experiencia que solo ellos hayan vivido o pueden pegarla en la pared para que los demás puedan leerla. O aquellos que quieran trabajar tranquilamente, pueden unirse a usted en una esquina del aula y trabajar con el léxico del río como por ejemplo, *charca, rocas, catarata, meandro, marea, pedrusco*, etc.

NOTA

Habrá podido darse cuenta de que en el texto anterior hay varias palabras que no todos los alumnos conocen. Si lee el pasaje detenidamente, con ritmo y de forma teatral, la comprensión global de los alumnos será mejor que si son ellos los que leen las palabras directamente del texto.

El texto está diseñado para provocar un sentimiento de vivencia de la situación desde la comprensión cinético-corporal del cangrejo del medioambiente, pero su objetivo es el de «convertir» esto en términos visuales humanos.

Para ejercicios en los que se quiera experimentar más sobre el área sensorial, véase *Unlocking Self-expression through NLP*, Judith Baker, 2005, Delta Books.

SECCIÓN 4 ▶ INTROSPECCIÓN

55 Una carretera que no se tomó

CONTENIDO	Comprensión oral y expresión escrita
IM TRABAJADAS	Intrapersonal y visual-espacial
NIVEL	De intermedio bajo a avanzado
DURACIÓN	20-40 minutos

PREPARACIÓN

Prepárese para leer el siguiente sueño guiado.

EN EL AULA

1. Invite a la clase a relajarse en sus sillas. Sugiérales que cierren los ojos y que se den cuenta de su respiración.

2. Déjelos en silencio durante 20 segundos y luego cuénteles el sueño guiado que van a seguir. Haga pausas largas al final de cada línea.

   Vas a empezar un viaje, un viaje bastante largo.
   Es un viaje por tierra.
   Puedes elegir cualquier animal o vehículo para montarte en él.
   Ahora estás empezando tu viaje -nota cómo te sientes.
   Mira el paisaje que te rodea.
   Mira el paisaje del horizonte.
   Percátate del tipo de carretera, camino o sendero por el que vas.
   Vas a un lugar en el que el camino gira a la izquierda.
   Piensas en este giro que hace el camino y decides no tomarlo.
   Continúas tu viaje hasta que cae la noche.
   Pasas la noche en un sitio al lado de la carretera.
   Al día siguiente sigues con tu camino.
   Finalmente, llegas al mar y no puedes ir más lejos.

3. Una vez que haya hecho volver tranquilamente a los estudiantes de su viaje, pídales que hagan dos cosas:

   - Que cojan lápices de colores y dibujen lo que quieran.
   - Que escriban una página sobre la carretera de la izquierda que decidieron no tomar.

SECCIÓN 4 ▸ INTROSPECCIÓN

55 Una carretera que no se tomó

Déjeles claro que este dibujo y texto son privados –no se les pedirá que lo compartan.

NOTA

Esto es más útil si se usa la segunda lengua para propósitos simplemente privados. Esto ayuda a los alumnos a identificarse mejor con la lengua extranjera.

AGRADECIMIENTOS

Aprendimos esta actividad en un taller de Psicosíntesis.

SECCIÓN 4 ▶ INTROSPECCIÓN

56 Carta a mí mismo

CONTENIDO	Expresión escrita privada
IM TRABAJADAS	Intrapersonal
NIVEL	De postprincipiante a avanzado
DURACIÓN	Cada semana durante un trimestre: 15 minutos Última lección: 45 minutos

PREPARACIÓN

Cada semana prepare un sobre para cada estudiante.

En la última semana de cada trimestre dará varias cartas para cada alumno de su clase.

TODAS LAS LECCIONES EXCEPTO LA ÚLTIMA

1. Durante 15 minutos una o dos veces al mes, los alumnos escribirán una carta para ellos mismos, para que se lea en la última semana de cada trimestre. Explíqueles que solo el escritor será el que leerá la carta. Lo que escriban depende absolutamente de ellos, pero es preferible que intenten elegir cosas con las que se divertirán mientras leen las cartas. Dígales que deben escribirlo todo en español. Pídales que pongan la hora, el día de la semana y la fecha en lo alto de la página de cada carta.

   Pídales que comiencen con:

   Querido/a + su propio nombre

   Recuérdeles que han de firmar la carta.

2. Dé a cada estudiante un sobre para que escriban en él su nombre. Cuando hayan escrito las cartas, hayan puesto el nombre en los sobres y los hayan cerrado, recójalos y guárdelos hasta la última semana del trimestre.

ÚLTIMA LECCIÓN

1. Deles tiempo para leer sus propias cartas y luego haga una discusión de *feed-back* con toda la clase.

   Termine pidiéndoles que le escriban una carta *feed-back* —esto dará más tiempo a los que lo necesiten.

SECCIÓN 4 ▸ INTROSPECCIÓN

56 Carta a mí mismo

NOTA

Por una vez, los alumnos pueden escribir en español libremente sin tener que preocuparse de las correcciones del profesor. Usted gana 15 minutos una o dos veces al mes, durante los cuales los alumnos se sienten aventajados y usted puede relajarse.

AGRADECIMIENTOS

Letters, Burbidge *et al*, 1996, OUP.

SECCIÓN 4 ▸ INTROSPECCIÓN

57 Juegos gramaticales internos

CONTENIDO	Orden de las palabras
IM TRABAJADAS	Intrapersonal, lingüístico-verbal y lógico-matemática
NIVEL	De postprincipiante a intermedio
DURACIÓN	5-15 minutos

PREPARACIÓN

Decida las frases que va a usar con sus alumnos.

EN EL AULA

1   Indique a la clase que cierre los ojos y se relaje. Explique que les va a dar una frase corta y que quiere que la *escuchen* seis o siete veces en su voz (la de usted) y después la *escuchen* seis o siete veces como si su propia voz la estuviera pronunciando.

Pronuncie estas palabras:

   Bueno, sí, es cierto…

Déjeles tiempo para que escuchen la frase en su cabeza seis o siete veces – y a continuación seis o siete veces otra vez.

Dígales que ahora la *repitan* siete veces en su propia voz, pero en silencio y sin mover un músculo.

Ahora pídales que trasladen la primera palabra, *Bueno*, al final de la frase, y que digan la frase varias veces sin movimiento de músculos para ver si tiene sentido y es gramaticalmente correcta (con la entonación correcta, *Sí, es cierto bueno* está bien).

Haga que trasladen la nueva primera palabra, *Sí*, al final de la frase y otra vez la prueben en silencio.

Finalmente *cierto* va al final a su vez.

2   Pida a los alumnos que hagan un *feedback* sobre cómo han conseguido seguir sus instrucciones y lo que opinan de la actividad. También pueden tener preguntas sobre el lenguaje con el que están trabajando.

SECCIÓN 4 ▶ INTROSPECCIÓN

57 Juegos gramaticales internos

NOTA

Este trabajo gramatical interno es algo a lo que los alumnos necesitan acostumbrarse. Para hacerlo, tienen que desarrollar nuevas habilidades. Hemos observado que hacer trabajo gramatical interno en ráfagas cortas y regulares tiene mucho sentido. El estado activo de atención mientras trabajan es distinto de la mayoría de los otros estados de ánimo que hemos visto en las clases de ELE.

AGRADECIMIENTOS

Aprendimos esta técnica de varios talleres de Adrian Underhill. Su expresión para esta clase de aprendizaje es «Inner Workbench».

SECCIÓN 4 ▸ INTROSPECCIÓN

58 Práctica de la pronunciación interna

CONTENIDO	Fonética, tono de voz, acento y entonación
IM TRABAJADAS	Intrapersonal, lingüístico-verbal y musical
NIVEL	De principiante a avanzado (con principiantes, dé las instrucciones en lengua materna)
DURACIÓN	5-15 minutos

PREPARACIÓN

Ninguna.

EN EL AULA

1. Pida a los alumnos que se sienten de forma cómoda, que cierren los ojos y que se relajen.

2. Ahora, dé las siguientes instrucciones:

    Voy a decir una palabra. **Escuchadla** *en vuestra mente seis o siete veces con mi voz.*

    (pausa)

    Miércoles

    (pausa)

    Ahora escuchadla en vuestra mente con vuestra propia voz. **Escuchadla** *seis veces.*

    (pausa)

    Miércoles

    (pausa)

    Por favor, **decidla** *con mi voz seis veces, pero en silencio y sin mover ningún músculo.*

    Por favor, **decidla** *con vuestra voz varias veces, en silencio y sin mover ningún músculo.*

    Decid *la palabra con vuestra voz,* **moviendo** *los labios pero aún sin sonido.*

    Susurrad *la palabra.*

    Decíos *la palabra despacio.*

SECCIÓN 4 ▸ INTROSPECCIÓN

58 Práctica de la pronunciación interna

Decid la palabra de manera natural a vuestro compañero.
Cantad la palabra.

NOTA

Los alumnos, de forma gradual, van realizando este tipo de ejercicio cada vez mejor. Deben tener varias oportunidades para intentarlo, ya que se le presenta como una manera amplia y nueva de usar sus circuitos mentales que manejan el habla y su aparato fonador.

AGRADECIMIENTOS

Aprendimos esta técnica en un taller impartido por Adrian Underhill.

SECCIÓN 4 ▶ INTROSPECCIÓN

59 Quince minutos de ayer

CONTENIDO	El pasado de los verbos que expresan sentimientos, pensamientos y acciones
IM TRABAJADAS	Intrapersonal e interpersonal. Este ejercicio es tan amplio que implica a menudo otro tipo de inteligencias
NIVEL	De intermedio bajo a avanzado
DURACIÓN	30-45 minutos

PREPARACIÓN

Ninguna.

EN EL AULA

1. Pida a sus alumnos que cierren los ojos y cuenten sus próximas 15 respiraciones. (Esto los ayuda a llegar a un estado de introspección).

2. Dígales que busquen en su memoria un momento corto del día anterior y que escriban 20 cosas personales distintas que sintieron, pensaron o hicieron durante ese tiempo. Pídales que se queden dentro de ese corto periodo de tiempo elegido o que si no recuerdan lo suficiente, lo cambien por otro periodo breve. Déjeles claro que usted está ahí para ayudarlos con cualquier palabra que puedan necesitar mientras escriben.

3. Ponga a los alumnos en parejas. Cada estudiante por turnos, le cuenta a su compañero la hora del comienzo y el final del periodo elegido y tres de las 20 cosas que hayan escrito. La otra persona puede no hacer preguntas, pero entonces tendrá que adivinar o intuir seis cosas más sin que su compañero hable. Luego, cada uno de ellos escribirá a la vez sus seis suposiciones.

4. Las parejas comparten sus seis suposiciones y sus 20 frases.

5. La clase entera hace un *feed-back* del ejercicio.

Sección 5
Autocontrol

SECCIÓN 5 ▸ AUTOCONTROL

60 Mis experiencias, nuestras experiencias

CONTENIDO	Expresión y comprensión oral
IM PROPUESTAS	Intrapersonal e interpersonal
NIVEL	De elemental alto en adelante
DURACIÓN	30-40 minutos

PREPARACION

Una lista de preguntas.

EN EL AULA

1. Diga a los alumnos que preparen como tarea en casa un cartel sobre sí mismos. Puede darles categorías como «Cosas que me gustan», «Sitios que he visitado», «Metas que tengo», «Cosas que hago en mi tiempo libre» o cualquier otra apropiada para sus alumnos. Para hacer los carteles pueden escribir pequeños textos y también añadir dibujos o buscar fotos para ilustrarlos. Recoja los carteles y lléveselos para preparar la lista de preguntas. Cada alumno debe estar representado en al menos una de las preguntas.

   Preguntas ejemplo:
   - ¿Quién ha estado en Madrid?
   - ¿A quién le gustan los gatos?
   - ¿Quien sabe hacer karate?
   - ¿Quién quiere ser traductor?

2. En otra clase ponga los carteles en las paredes del aula. Dícteles un listado de las preguntas o deles una fotocopia.

3. Los alumnos van por el aula leyendo los carteles y buscan la información para responder a las preguntas. Cuando encuentren todas las respuestas, se sientan. Haga a la clase cada una de las preguntas, no tanto con el fin de corregir sino para que cada alumno se vea reconocido.

4. Pídales que encuentren «almas gemelas», personas de la clase que hayan puesto en sus carteles algunos datos similares sobre ellos mismos.

5. Hacen un informe final escrito con los datos encontrados.

SECCIÓN 5 ▸ AUTOCONTROL

60 Mis experiencias, nuestras experiencias

Ejemplo:

Somos Ingrid y John. Hemos viajado a Madrid y allí hemos visitado el Museo del Prado.

6 Haga una puesta en común final en la que los alumnos puedan leer en voz alta o simplemente contar los datos comunes de las almas gemelas identificadas.

SECCIÓN 5 ▶ AUTOCONTROL

61 Excelencia en el aprendizaje de lenguas

CONTENIDO	Expresión y comprensión oral
IM TRABAJADAS	Intrapersonal e interpersonal
NIVEL	De intermedio en adelante
DURACIÓN	30-40 minutos

PREPARACIÓN

Ninguna.

EN EL AULA

1. Pida a sus alumnos que tengan preparado un bolígrafo y un papel, ya que van a trabajar de forma individual durante un periodo de aproximadamente 20 minutos. Deben evitar cualquier contacto con el resto de la clase y llegar a un estado que les permita centrarse en ellos mismos.

2. Anímeles a que piensen en su «mejor momento» a la hora de manejar una lengua extranjera. Este puede referirse a cuando hacían uso del idioma de manera satisfactoria, p.ej.: cuando hablaban con alguien, cuando entendían a alguien que hablaba bastante rápido, cuando leían un libro o un artículo riguroso, o cuando escribían un texto, etc.

   Puede que tenga en su clase alumnos que crean que nunca se han desenvuelto bien dentro de una situación relacionada con el idioma. Pídales que piensen en alguien que conocen que sea verdaderamente bueno con los idiomas y que se imaginen a ellos mismos convirtiéndose en esa persona durante pocos minutos.

3. Pídales que recuerden ese momento lo más intensamente posible. Anímelos a que revivan esa experiencia como si estuviesen viviéndola ahora mismo.

4. Léales en voz alta una a una las siguientes preguntas. Todas las preguntas han de contestarse desde la perspectiva de revivir la experiencia de tener éxito con la lengua extranjera. Pare durante un minuto detrás de cada pregunta, para que tengan suficiente tiempo de reflexionar sobre sus respuestas y que las anoten en un folio.

   - ¿Dónde estás exactamente en este especial momento de tu vida?
   - ¿Qué ves a tu alrededor?

SECCIÓN 5 ▸ AUTOCONTROL

61 Excelencia en el aprendizaje de lenguas

- ¿Quién más está contigo?
- ¿En qué habitación/lugar estás?
- ¿Qué colores puedes observar?
- ¿Qué hora del día es?
- ¿Qué estás haciendo exactamente en este especial momento de tu vida?

SECCIÓN 5 ▶ AUTOCONTROL

62 Aprender de las circunstancias adversas

CONTENIDO	Expresión y comprensión oral
IM TRABAJADAS	Intrapersonal e interpersonal
NIVEL	De intermedio en adelante
DURACIÓN	50 minutos

PREPARACIÓN

Una copia del texto para cada grupo. Cortar el texto de tal forma que se lea una oración en cada trozo de papel.

EN EL AULA

1. Divida la clase en grupos de tantos miembros como oraciones contenga el texto (según el ej., 6 miembros). Dé a cada grupo el texto cortado en oraciones. Que ordenen las oraciones, si bien no pueden mostrarlas a sus compañeros sino que las deben leer en voz alta. Cuando hayan terminado, haga una puesta en común del texto obtenido.

2. Indique a los alumnos que piensen en el mensaje que transmite este texto y que comenten situaciones o experiencias propias en las que el saber aprender de las circunstancias adversas los pueda ayudar a tener éxito en otras.

Texto de ejemplo

- El laboratorio de Thomas Edison fue prácticamente destruido por el fuego en diciembre de 1914.
- El laboratorio era de hormigón y se pensaba que estaba a prueba de fuego.
- Por lo tanto, gran parte del trabajo de Edison se destruyó esa noche.
- Sin embargo, su hijo Carlos se encontró a su padre, en aquel entonces de 67 años de edad, mirando tranquilamente la escena.
- Cuando Edison le vio, se limitó a decir: «Hay mucho valor en este fuego, todos nuestros errores se han quemado aquí. Gracias a Dios podemos comenzar de nuevo».
- Tres semanas después del incendio, Edison creó su primer fonógrafo.

AGRADECIMIENTOS

Este ejercicio ha sido adaptado del capítulo de Ana Robles, «La inteligencia emocional en el aula de inglés» en Fonseca-Mora, M.C (ed.), 2002 *Inteligencias múltiples, múltiples formas de enseñar inglés*, Mergablum.

SECCIÓN 5 ▶ AUTOCONTROL

63 Asumir una dificultad/reto desde otra perspectiva

CONTENIDO	Comprensión lectora y toma de notas
IM TRABAJADAS	Visual-espacial e intrapersonal
NIVEL	De intermedio en adelante
DURACIÓN	20-30 minutos

PREPARACIÓN

Haga una fotocopia para cada alumno de las instrucciones.

EN EL AULA

1. Pida a sus alumnos que piensen en algo a lo que para ellos sea un poco difícil enfrentarse.

2. Sugiérales que se relajen y que dejen por ahora a un lado de su mente ese desafío o problema.

3. Proporcione a cada alumno una copia de las siguientes instrucciones. Pídales que lean primero el texto. Si es necesario, lea frase por frase de forma conjunta con la clase, aclarando cada duda lingüística que los alumnos puedan tener. Dígales que tendrán unos 15 minutos para leer el texto detenidamente, parando tras cada pauta y que luego pasen a un estado intrapersonal y sigan las instrucciones.

- Recuerda uno de los paisajes más bonitos que hayas visto. Imagínate que estás ahora mismo en ese paisaje. Ve, escucha, siente, huele lo que sucede en él de la forma más real posible.
- Céntrate en los colores y en las formas que puedes ver. ¿Está el cielo azul? ¿Hay alguna nube? ¿Puedes ver plantas o árboles? ¿Cuántos tonos verdes hay? ¿Cómo es la línea del horizonte? Disfruta de la belleza del escenario.
- Imagina que algunas personas a las que quieres están contigo en ese paisaje. Disfruta el sentimiento de estar con ellos. Hazte consciente de lo que esas personas significan para ti.
- Escucha los sonidos de la naturaleza de tan precioso escenario.
- Déjate embaucar por el escenario y sé consciente de los sentimientos de tu corazón.

SECCIÓN 5 ▸ AUTOCONTROL

63 Asumir una dificultad/reto desde otra perspectiva

4 Ahora, de la siguiente manera, pida a los alumnos que visualicen el problema en el estaban pensando antes:

- Ahora pon tu problema en el paisaje. Presta atención a tus emociones por la belleza del paisaje. Si algunas de estas emociones –ya sea sobre los sonidos, los colores o los olores– pierden calidad, pon tu problema a un lado. Céntrate de nuevo en la belleza del paisaje en el que te encuentras.
- Tan pronto como hayas vuelto a la belleza del escenario, trae de nuevo el problema. Si eres capaz de mantener tu estado interior positivo, deja el problema ahí.
- Ahora déjate llevar para ser consciente de cómo cambia tu percepción del problema dentro del escenario de belleza y sentimientos positivos.
- Presta atención a la solución o soluciones que puedan surgir de manera espontánea para solucionar el problema.

5 Pídales que «vuelvan» a la clase pero que se queden «con ellos mismos» durante unos minutos (manteniendo su estado de atención interna). Pídales que se den cuenta de cómo su percepción del problema ha cambiado durante la actividad y que tomen notas de sus observaciones. Anímeles a que decidan algún plan de acción que quizá quieran desarrollar, basado en lo que han observado.

NOTA

Hay momentos en los que sus alumnos quizá se sientan abrumados, p. ej. cuando tienen que estudiar mucha información para hacer un examen difícil o cuando sienten añoranza (esto puede pasar cuando están recibiendo un curso de idiomas lejos de casa). En estas situaciones, resulta útil apartar a los alumnos de su sentimiento de «no poder», mostrándoles que hay una manera alternativa de sentir. Desde la nueva perspectiva, la dificultad inminente anterior se reducirá sin problema de tamaño.

AGRADECIMIENTOS

Extrajimos este ejercicio de la página 44 de la obra *Pleasure in Problem Solving from the NLP Perspective*, Luis Jorge Gonzales, 1995, Editorial Font SA, Monterrey, NL, México.

SECCIÓN 5 ▶ AUTOCONTROL

64 La historia de tus ilusiones y de tus sueños

CONTENIDO	Expresión escrita creativa, expresión y comprensión oral
IM TRABAJADAS	Lingüístico-verbal, interpersonal e intrapersonal
NIVEL	De intermedio en adelante
DURACIÓN	Lección 1: 30-40 minutos Lección 2 (una semana después): 10 minutos

PREPARACIÓN

Necesita un sobre para cada alumno. Prepare un breve relato de un libro, historia o película que le gustase de pequeño.

LECCIÓN 1

1. Pida a sus alumnos que hagan una lista de los sueños que tienen o de los objetivos que quieren lograr en sus vidas. Haga que subrayen el sueño/objetivo por el que se sientan más motivados.

2. Los alumnos cogen una hoja en blanco. Dígales que escriban su sueño/objetivo en el centro de la página y que lo metan en un círculo. Haga que anoten las asociaciones que se les vengan a la cabeza siguiendo el modelo de un mapa conceptual.

   Ejemplo:

SECCIÓN 5 ▶ AUTOCONTROL

64 La historia de tus ilusiones y de tus sueños

3. Pida a sus alumnos que pongan a un lado sus mapas mentales. Hábleles sobre un libro que le gustaba de pequeño. Deles un breve resumen de ese libro y explique con detalle por qué era importante para usted. Dígales también cómo lo recuerda ahora, p. ej.: qué imágenes, sonidos, sentimientos, pensamientos, palabras, olores, sabores, etc., le vienen a la memoria.

4. Pida a los alumnos que piensen en un libro –o una historia o película– que les gustara de pequeños. Pídales que se tomen unos pocos minutos y que, si quieren, cierren los ojos.

5. Dígales que recurran de nuevo a sus mapas mentales y que añadan ideas de su libro (historia o película) a las suyas.

6. Haga que escriban una historia imaginaria basada en sus mapas mentales y que empiece por «Érase una vez…».

7. Cuando hayan acabado de escribir, deles un sobre a cada uno. Pídales que pongan la historia dentro del sobre, que lo cierren y que lo firmen. Informe a la clase de que va a devolver el sobre de cada uno dentro de una semana y luego recoja todos los sobres.

LECCIÓN 2

Una semana después dele a cada alumno su sobre. Pídales que lean en silencio su historia y que luego compartan en pequeños grupos o en parejas sus opiniones acerca de sus historias y experiencias.

NOTA

Este ejercicio está basado en la idea de que una experiencia pasada positiva puede inducir a un modo de autoestima cuando se enfrenta el presente con el futuro. Por ejemplo, un estudiante que vuelva a experimentar en su mente un éxito deportivo podrá verse influenciado para que le pase lo mismo cuando llegue la hora de hacer un examen de español.

SECCIÓN 5 ▸ AUTOCONTROL

65 Aprendiendo a ser tu propio supervisor

CONTENIDO	Expresión escrita, autocorrección y corrección en grupo
IM TRABAJADAS	Lingüística, lógico-matemática, intrapersonal y, en la lección 3, interpersonal
NIVEL	De intermedio en adelante
DURACIÓN	Tres lecciones seguidas, cada una de 20 minutos

PREPARACIÓN

Seleccione cualquier actividad que contenga un texto y que quiera realizar con sus alumnos. Prepare un sobre A4.

LECCIÓN 1

1. Asigne a la clase una tarea de expresión escrita. Pídales que hagan primero un borrador, lo que quiere decir que no han de preocuparse por la precisión o la pulcritud de su escrito. Coménteles también que no va a leer sus textos. Por consiguiente, deberían introducirse en una dinámica de escritura que les permita escribir sin ser críticos con lo que están produciendo.

2. Una vez que hayan terminado de escribir, pídales que firmen sus textos. Luego, pida a un alumno de confianza que recoja todos los textos y que los ponga en el sobre A4 y lo cierre. Pida al alumno que se lo quede y lo traiga para la próxima clase.

3. Como tarea para casa, indique a los alumnos que escriban otro borrador del mismo texto.

LECCIÓN 2

1. Reparta los textos escritos en la lección 1. Pida a los alumnos que lean su primer borrador y que subrayen todo aquello con lo que estén satisfechos de su texto. Luego, deberán hacer lo mismo con el borrador que escribieron como tarea para casa.

2. Pídales que creen un tercer borrador basado en lo que han subrayado en el primer y segundo borrador y que incluyan algunas nuevas ideas que se les hayan ocurrido desde entonces. Déjeles claro que estos textos se van a compartir.

SECCIÓN 5 ▸ AUTOCONTROL

65 Aprendiendo a ser tu propio supervisor

LECCIÓN 3

1 Coloque a los alumnos en grupos de tres o cuatro. Leerán en voz alta sus textos para el resto de la clase o se los intercambiarán y los leerán en silencio. Deberán señalar a los demás las partes del texto que no están claras o que se podrían mejorar.

2 Ahora los alumnos escribirán individualmente un cuarto borrador del texto, tratando de mejorar su escritura, basándose en el *feed-back* que han hecho.

3 Pídales que identifiquen alguna parte de sus textos con la que no están contentos y que piensen preguntas para hacerle. Responda a esas preguntas y anímelos a que escriban un último borrador.

AGRADECIMIENTOS

Aprendimos esta técnica gracias al artículo de Philip Jay Lewitt, «How to Cook a Tasty Essay», en el *English Teaching Forum*, enero de 1990.

SECCIÓN 5 ▶ AUTOCONTROL

66 Solucionar el bloqueo en la escritura

CONTENIDO	Reducción del bloqueo en la escritura
IM TRABAJADAS	Intrapersonal y lingüístico-verbal
NIVEL	De intermedio en adelante
DURACIÓN	20-25 minutos

PREPARACIÓN

Cada alumno necesitará un folio A4.

NOTA

Un buen número de estudiantes tiene creencias negativas sobre su propia competencia con la expresión escrita. El bloqueo de los escritores es a veces el resultado de experiencias negativas con la escritura, en la que solo se centran en la precisión, por lo que los alumnos nunca analizan su propio potencial de creatividad. La actividad proporciona un ritual estimulante y ameno que ayuda a los alumnos a superar el bloqueo en la escritura y a mostrar su creatividad. Rituales parecidos se usan con gran éxito entre el profesorado, el personal sanitario, etc. La actividad puede resultar bastante divertida para los alumnos si se lleva a cabo dentro de un ambiente de confianza y buen humor.

EN EL AULA

1. Pida a sus alumnos que piensen en algo (un objeto, una actividad, un lugar, etc.) que les dé mucha energía positiva. Pídales que en un trozo de papel escriban una palabra que soporte esta fuente de energía. Recoja todos los papeles y colóquelos en una caja.

2. Dese una vuelta y pida a cada alumno que saque uno de los papeles doblados de la caja. Pídales que lo dejen doblado y que de momento no miren lo que hay escrito.

3. Muestre a sus alumnos un ejemplo de un ritual en el que una figura hecha de lana, de paja, de papel o algo parecido se quema. Rituales así, como el de las hogueras de San Juan en España o el fuego de Zozobra en México, tienen un significado simbólico. Se trata de rituales para celebrar el solsticio de verano o «ahuyentar al demonio». Pregúnteles por más ejemplos que conozcan y discutan sobre el significado simbólico de estos rituales.

SECCIÓN 5 ▸ AUTOCONTROL

66 Solucionar el bloqueo en la escritura

4 Informe a sus alumnos de que va a llevar a cabo con ellos un ritual similar. Depende absolutamente de ellos si se lo quieren tomar en serio o como algo gracioso. Quizá quiera decirles que este tipo de actividades son normalmente efectivas incluso si alguien no está del todo convencido de que pueda funcionar, depende de cómo actúe la persona y de su creencia en el poder.

Dígales que muchas de las personas han escrito sobre problemas debido a creencias o sentimientos negativos que tienen sobre su propia habilidad para escribir. Puede darles uno o dos ejemplos de estas creencias, como por ejemplo: *No soy una persona creativa. Tengo problemas para expresarme de forma clara en español.*

5 Reparta un folio para cada alumno. Pídales que dibujen una figura representativa de las hogueras de la noche de San Juan, como pueden ser los muñecos de trapo llamados *Juanillos* de Cádiz, y que escriban en la hoja su creencia negativa. Pídales que rompan en pedazos el papel. Deles una señal (*1, 2, 3, ¡ahora!*) para que tiren el papel hacia una esquina de la clase.

6 Pídales que desdoblen el trozo de papel que habían metido en la caja y que empiecen a escribir un fragmento de un texto relacionado con la palabra que estaba escrita en el papel. Explíqueles que deben escribir sin parar durante dos minutos y que mientras que están escribiendo no deben preocuparse por los errores y que se dejen llevar por una dinámica en la que no importe si su escritura es correcta o no. Dígales que si les viene a la cabeza algún pensamiento crítico, han de incluirlo en su texto pero quedándose con la misma dinámica todo el tiempo. Acláreles que nadie después leerá sus textos.

7 Finalmente, cuando los alumnos hayan acabado de escribir sus fragmentos de texto, pídales que trabajen con un compañero y que compartan sus sentimientos y opiniones sobre la actividad.

NOTA

Quizá quiera comentar a los alumnos que no deben preocuparse por crear desorden en la clase, puesto que luego lo ordenará sin leer las notas de nadie. Recuérdeles que cuanto más en «serio» se tomen el ritual, es decir, creyéndose que realmente pueden deshacerse de sus bloqueos lanzando los papeles, el trabajo que desarrollen será mejor para ellos.

SECCIÓN 5 ▸ AUTOCONTROL

66 Solucionar el bloqueo en la escritura

Los alumnos han comentado a menudo, que tras haber realizado esta actividad les sorprende realmente la longitud y la calidad del texto que han desarrollado durante los dos minutos.

AGRADECIMIENTOS

Tomamos la idea para esta actividad del libro *Anybody Can Write, A Playful Approach: Ideas for the Aspiring Writer, The Beginner, the Blocked Writer*, de Roberta Jean Bryant, 1999, New World Library.

SECCIÓN 5 ▸ AUTOCONTROL

67 Afirmaciones positivas sobre el aprendizaje de idiomas

CONTENIDO	Dictado, expresión escrita
IM TRABAJADAS	Intrapersonal e interpersonal
NIVEL	De intermedio en adelante
DURACIÓN	30-40 minutos

PREPARACIÓN

Ninguna.

EN EL AULA

1. Pregunte a sus alumnos si saben lo que son los placebos. Coménteles que hay estudios que demuestran que los placebos tienen un alto efecto de curación (quizá sorprendente) de más del 30 %. Esto se debe a que a pesar del punto de vista químico, los placebos no marcan ninguna diferencia. Pídales que compartan historias sobre alguien al que conozcan muy positivo incluso en situaciones que son complicadas.

2. Anímelos a decir de qué manera las creencias positivas pueden ayudar al aprendizaje de un idioma.

3. Dicte las siguientes frases positivas. Pida a sus alumnos que mientras escriben las frases cambien de la segunda persona a la primera persona del singular. Del mismo modo, pueden cambiar la redacción de las frases así como su contenido mientras mantengan un valor positivo:

   - Aprendiste tu lengua materna.
   - Por consiguiente, tienes la habilidad para aprender cualquier lengua extranjera que quieras aprender.
   - Cada vez tienes más fluidez en español.
   - Puedes entender a las personas y expresarte con más facilidad en el idioma extranjero si te centras en la comunicación y en la otra persona y no en el idioma.

   Llegados a este punto, deles dos minutos de pausa y pídales que añadan dos o tres pensamientos positivos de su propia elección. Luego, continúe con el dictado:

   - Es algo natural y está bien cometer errores. Los errores son un signo de aprendizaje.

SECCIÓN 5 ▶ AUTOCONTROL

67 Afirmaciones positivas sobre el aprendizaje de idiomas

- Te puedes permitir disfrutar del aprendizaje de un idioma y desarrollar sentimientos positivos hacia el idioma que estás aprendiendo.
- Puedes confiar en que estás aprendiendo la lengua extranjera de forma consciente e inconsciente.
- Aprender un idioma extranjero es un proceso que tiene varias etapas.
- Tiene sentido si te das el tiempo que necesites para lograr tus metas.

<u>4</u> Los alumnos trabajarán en parejas. A le da a B el trozo de papel en el que ha escrito sus pensamientos. A cierra los ojos y B lee en voz alta despacio la primera frase de los pensamientos que A ha añadido a su lista. A lo repite diciéndoselo a sí mismo, internamente. Infórmeles de que después de cada frase debe haber medio minuto de reflexión para que se queden «con ellos mismos» y su mundo interior y que habrá tiempo para poner en común más tarde. (Esto puede que sea una buena noticia para aquellas personas que necesitan comunicarse con los demás todo el tiempo).

<u>5</u> Cuando B haya acabado de leer las frases de A, intercambian sus papeles.

<u>6</u> Pida a las parejas que compartan entre ellas el efecto que produce escuchar y repetir las frases positivas que tiene cada uno. Haga que discutan qué pensamientos son más fáciles de abordar que otros.

NOTA

De acuerdo con el estudio llevado a cabo por Robert Dilts, los tres principales sentimientos negativos que tienen las personas son:

- No puedo hacerlo   • Es imposible   • No me lo merezco o no valgo para esto

Es de sentido común que los alumnos que se crean buenos estudiantes de una lengua extranjera tendrán más éxito para aprenderla que alguien que tenga un pensamiento de imposibilidad a la hora de aprender un idioma. Este ejercicio tiene como objetivo ayudar a los alumnos a construir pensamientos positivos sobre el aprendizaje de un idioma a través de afirmaciones, una técnica ampliamente utilizada, por ejemplo, por profesionales del deporte.

AGRADECIMIENTOS

El formato de esta actividad está influenciado por un ejercicio que elegimos de Robert Dilts, el autor de *Changing Belief Systems with NLP*, 1990, Meta Publications, Cupertino CA.

SECCIÓN 5 ▸ AUTOCONTROL

68 Paseo imaginario (o intuitivo)

CONTENIDO	Expresión y comprensión oral
IM TRABAJADAS	Interpersonal e intrapersonal
NIVEL	De intermedio en adelante
DURACIÓN	30-40 minutos

PREPARACIÓN

Piense en una historia para contarle a la clase, en la que su subconsciente tuvo un papel importante, o sobre una intuición que tuvo.

Observe este ejemplo:

> *Mi vuelo estaba embarcando y no me permitían subir mi equipaje de mano al avión. Tuve que ponerlo en un carrito y la azafata me dijo que se me devolvería inmediatamente después del despegue. En lo alto de las escaleras, justo cuando iba a subirme al avión, vi una imagen mental de las llaves de mi coche. Sin pensar, me giré y volví hasta donde estaba mi maleta. Estaban a punto de subirla al avión, pero logré que se pararan. Cogí las llaves de mi coche y volví al avión.*
>
> *Después de aterrizar no había señales de mi equipaje. Gracias a Dios, tenía al menos las llaves de mi coche y podía volver a casa.*

EN EL AULA

1. Cuénteles la historia que había preparado y pídales que compartan historias parecidas.

2. Dígales que les va a pedir que se imaginen que van a dar solos un paseo. Hágales las siguientes tres preguntas y asegúrese de que las entienden como una metáfora y no como algo geográfico:

    - ¿Dónde estoy (en el presente)?
    - ¿A dónde quiero ir?
    - ¿Qué necesito para llegar allí?

3. Deles aproximadamente 20 minutos para imaginar su paseo. Recomiéndeles que «apaguen» su pensamiento racional todo lo que puedan y que se dejen guiar por su intuición. Pídales que mediten sobre la primera pregunta propuesta y déjeles que piensen de forma intuitiva en un objeto que de algún

SECCIÓN 5 ▶ AUTOCONTROL

68 Paseo imaginario (o intuitivo)

modo simbolice la respuesta a la pregunta. Explíqueles que no deben seleccionar algo de forma consciente, sino que han de confiar en sus sentimientos intuitivos para elegir su objeto. Tampoco han de juzgar de forma crítica ese objeto, incluso si la elección resulta ser una auténtica sorpresa para ellos. Pídales que hagan lo mismo con las otras dos preguntas y que luego hagan un dibujo de los tres objetos.

4   Ponga a los alumnos en grupos de tres. Se enseñarán unos a otros los objetos que han dibujado, sin revelar lo que simboliza cada dibujo para ellos.

5   Cuando todos hayan presentado sus dibujos, los miembros del grupo hablarán sobre las cualidades positivas que creen que simbolizan los distintos objetos.

6   Si los estudiantes quieren, pueden luego compartir lo que simbolizan los objetos para ellos y cómo se han sentido durante la realización del ejercicio.

NOTA

Si trabaja con estudiantes adultos y dispone de espacio, puede pedirles que den un paseo real y busquen objetos. Al igual que antes, no han de seleccionar de forma «consciente» los objetos, sino que tienen que dejarse guiar por su propia intuición.

Los alumnos también pueden traer a clase varios objetos –pero si no es posible–, deje que los dibujen.

SECCIÓN 5 ▸ AUTOCONTROL

69 Modelos de resolución de problemas

CONTENIDO	Expresión escrita y oral
IM TRABAJADAS	Lógico-matemática y otras inteligencias
NIVEL	De intermedio en adelante
DURACIÓN	40-50 minutos

PREPARACIÓN

Ninguna.

EN EL AULA

1. Pida a cada alumno que piense en dos problemas que haya resuelto con éxito en las últimas semanas. Dígales que tienen 10 minutos para anotar exactamente CÓMO consiguieron resolver los problemas. Pídales que se centren en los pasos que siguieron para resolver cada problema. No les dé ningún ejemplo en este punto.

2. Ponga a sus alumnos en grupos de tres o cuatro para que se cuenten unos a otros brevemente los problemas que tuvieron, y que compartan sus conclusiones sobre cómo resolvieron los problemas. Los otros miembros del grupo deberán hacer preguntas para poder comparar y contrastar los diferentes caminos utilizados por personas distintas para resolver sus problemas.

3. Pida a cada grupo que dibuje un diagrama u organigrama para cada enfoque distinto para resolver un problema que hayan encontrado en el grupo.

4. Cada grupo expone a la clase los diferentes enfoques para resolver los problemas encontrados. No deberán explicar con detalle el contenido del problema, sino simplemente CÓMO lo resolvieron.

5. Cuando estén haciendo sus presentaciones, haga una lista en la pizarra con los distintos caminos para solucionar un problema que hayan ideado y pídales que den a cada camino un nombre pegadizo.

NOTA

Esta es una adaptación de un ejercicio del libro de David Lazear *Seven Pathways of Learning*, 1994, Zephyr Press.

SECCIÓN 5 ▸ AUTOCONTROL

70 Objetivos personales

CONTENIDO EXPRESIÓN ESCRITA Y ORAL	Léxico relacionado con la casa
IM PROPUESTAS INTRAPERSONAL	Intrapersonal
NIVEL	De intermedio a avanzado
DURACIÓN	40-50 minutos

PREPARACIÓN

Copia del dibujo de una maleta organizada en objetivos, acciones a emprender y recursos/habilidades.

EN EL AULA

1. Al principio del curso escolar prepare una copia del dibujo de una «maleta» para cada estudiante y pídale que la rellene con los logros que quiere alcanzar en ese curso. Deben formular sus objetivos de la siguiente forma:

   - Al final de este curso seré capaz de escribir un texto en español de 20 líneas.
   - Al final de este curso seré capaz de comprender los titulares de un periódico español.
   - Al final de curso seré capaz de cantar canciones pop españolas.

2. Pida a sus alumnos que añadan después las acciones que tienen que emprender para conseguir sus objetivos. Estas pueden servir de modelo:

   - Necesito hacer y entregar todos los trabajos escritos que me mande la profesora.
   - Necesito acceder a periódicos españoles, por lo que los tengo que buscar en internet y acceder a ellos con frecuencia.
   - Necesito buscar las canciones españolas en formato karaoke y cantarlas con frecuencia.

3. Finalmente, deberán completar su maleta con las habilidades, recursos, destrezas que crean tener para poder llegar a alcanzar sus objetivos.

4. Agrúpelos de tres en tres para que comenten sus objetivos personales y haga al final una sesión de *feed-back* con toda la clase. Revise periódicamente los objetivos propuestos y las acciones que están llevando a cabo para lograrlos.

SECCIÓN 5 ▶ AUTOCONTROL

70 Objetivos personales

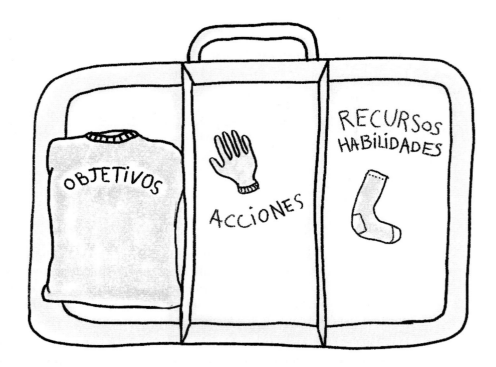

NOTA

Esta actividad está adaptada de Ana Robles, «La inteligencia emocional en el aula de inglés» en Fonseca-Mora, M.C. (ed.), 2002 *Inteligencias múltiples, múltiples formas de enseñar inglés*, Mergablum.

SECCIÓN 5 ▶ AUTOCONTROL

71 Yo soy así

CONTENIDO	Expresión escrita y comprensión oral
IM TRABAJADAS	Intrapersonal e interpersonal
NIVEL	De intermedio en adelante
DURACIÓN	50 minutos

PREPARACIÓN

Ninguna.

EN EL AULA

1. Repase con sus alumnos los adjetivos que denotan personalidad y aspecto físico, así como sustantivos sobre aficiones. Esto se puede realizar, por ejemplo, pidiendo a los alumnos que piensen en un familiar, y que señalen un rasgo de personalidad que a ellos les parezca positivo y otro físico de esta persona, así como una de sus aficiones.

2. Divida la pizarra en cuatro columnas -una para el nombre de la persona, otra para un rasgo de personalidad destacado, otra para el comentario sobre su aspecto físico y otra para la afición. Anote lo que los alumnos van diciendo.

3. Pida a los alumnos que tomen una hoja en blanco y escriban en ella su nombre en el centro. Deben añadir también, sin que lo vean los demás, los siguientes datos:
   - en la esquina superior izquierda un rasgo positivo de su personalidad;
   - en la esquina superior derecha un rasgo positivo de su aspecto físico;
   - en la esquina inferior izquierda una afición;
   - en la esquina inferior derecha un rasgo de su personalidad que les gustaría mejorar. (Si son alumnos adultos pueden escribir una faceta del aprendizaje del idioma que necesitan mejorar).

4. Recoja todas las hojas. Extraiga una al azar y dé información como en el siguiente ejemplo: «Esta compañera es simpática… y le gustan sus ojos… Le gustaría mejorar su…». Los alumnos tendrán que adivinar de quién se trata en cada caso.

5. Luego, reparta al azar las hojas a los alumnos para que escriban en ellas más datos sobre la persona a la que se refiere. A partir de estos datos deben crear

SECCIÓN 5 ▸ AUTOCONTROL

71 Yo soy así

una breve descripción con toda la información que conste en la hoja, destacando cualidades positivas de ese compañero. Por ejemplo:

> «*Sam es simpático y alegre. Le gusta su nariz y su afición favorita es la natación. Quiere aprender a ser más ordenado… Además…* ».

6 Para terminar, pida a sus alumnos que lean en voz alta el texto que han escrito y que se lo entreguen al compañero del que se trate.

AGRADECIMIENTOS

Este ejercicio ha sido adaptado de la actividad «Adivina quién eres» publicado por Fernando D. Rubio Alcalá en *Didactired* (2007, Centro Virtual Cervantes). Se trata de una serie de propuestas que se inició con la actividad de reflexión para el profesor titulada «Múltiples formas de enseñar español».

SECCIÓN 5 ▸ AUTOCONTROL

72 Responder de otra forma es posible

CONTENIDO	Expresión escrita y oral
IM TRABAJADAS	Intrapersonal e interpersonal
NIVEL	De intermedio en adelante
DURACIÓN	50 minutos

PREPARACIÓN

Los alumnos deben llevar a clase una transcripción de un diálogo en el que se produzca un enfado entre dos personas.

El profesor lleva a clase una selección de citas que hacen referencia a cómo mejorar la comunicación entre personas. Las siguientes citas pueden servir de ejemplo:

- *Cierra tu boca mientras tu corazón esté cerrado.* Pitágoras
- *El objeto de toda discusión no debe ser el triunfo sino el progreso.* Joseph Joubert
- *El verdadero significado de las cosas se descubre al tratar de decir lo mismo con otras palabras.* Charles Chaplin
- *La herida causada por una lanza se puede curar, pero la causada por la lengua es incurable.* Proverbio árabe

Corte las citas en dos mitades.

EN EL AULA

1. Entregue una mitad de cada cita a los estudiantes y pídales que encuentren la otra mitad.
2. Haga una puesta en común y pida a los alumnos que escriban las frases en la pizarra. Inicie un debate sobre su significado con toda la clase.
3. Recoja las transcripciones de los enfados escritas por los alumnos y repártalas a la clase de tal forma que cada alumno tenga la de otro compañero.
4. En parejas, los alumnos han de encontrar la expresión inicial conflictiva en el diálogo y sustituirla por una positiva creando una conversación que derive en la posibilidad de un acuerdo de ambas partes.
5. Pídales que lean sus diálogos en voz alta y que comenten qué es lo que han hecho decir a uno de sus personajes para que se deshaga el enfado.

SECCIÓN 5 ▶ AUTOCONTROL

73 Mis limitaciones, mis fortalezas

CONTENIDO	Expresión escrita
IM TRABAJADAS	Lingüístico-verbal, intrapersonal
NIVEL	De intermedio en adelante
DURACIÓN	30 minutos

PREPARACIÓN

Nada.

EN EL AULA

1. Pida a sus alumnos que escriban en una hoja lo que consideran que son dificultades que ellos tienen, es decir, algo que les limita y creen que son inconvenientes para lograr algo. Coménteles que no tendrán que decirlas en voz alta.

    Claire, por ejemplo, escribe:
    - Debo estar en casa a las 11.00 de la noche.
    - Tardo 45 minutos en llegar a clase y en volver a mi casa.
    - Debo cuidar por las tardes de mi hermana pequeña.

2. Deles ahora unos minutos para que escriban un listado con sus fortalezas, algo en lo que son realmente buenos.

    Ejemplo:
    - Toco muy bien el piano.
    - Tengo muchos amigos.
    - Soy buena contando cuentos.

3. Escriba en la pizarra la frase: *De las limitaciones surge la mayor fortaleza…*

    Permita que los alumnos manifiesten su acuerdo o desacuerdo con esta frase y que argumenten sus perspectivas.

4. Indíqueles que intenten ahora conectar algunas de sus limitaciones con sus fortalezas personales. Puede pedirles que escriban un párrafo sobre sus reflexiones o simplemente dejarles tiempo para la reflexión.

SECCIÓN 5 ▸ AUTOCONTROL

73 Mis limitaciones, mis fortalezas

El objetivo de esta actividad es que la clase reflexione sobre cómo aquello que se considera como algo negativo a menudo puede tener una consecuencia positiva. Claire, por ejemplo «toca muy bien el piano» y «tiene una buena capacidad para contar cuentos» precisamente por algo que ella cree que es una limitación en su vida. Al quedarse con su hermana por las tardes, la entretiene todos los días con música e historias que ella inventa. Esa práctica diaria le ha hecho ser especialmente buena en esto.

También pueden pensar en cómo usar sus fortalezas para superar sus limitaciones.

Tabla de contenidos

La siguiente tabla, en las páginas 174 y 175, permite al docente encontrar con facilidad las actividades según su adecuación al nivel comunicativo del alumnado. Muestra además en la última columna las inteligencias que se trabajan en el ejercicio propuesto.

TABLA DE CONTENIDOS

PRINCIPIANTE	POST PRINCIPIANTE	ELEMENTAL	INTERMEDIO BAJO	INTERMEDIO	INTERMEDIO AVANZADO	INTERMEDIO ALTO	AVANZADO	IM TRABAJADAS
				1	1	1	1	1	todas
				2	2	2	2	2	intrapersonal e interpersonal
				3	3	3	3	3	musical y cinético-corporal
				4	4	4	4	4	lingüístico-verbal y musical
5	5	5	5	5	5	5	5	lingüístico-verbal y cinético-corporal
				6	6	6	6	todas
						7		lógico-matemática, interpersonal
				8				todas
						9		lógico-matemática
				10				visual-espacial
				11	11	11	11	todas
12	12	12	12					visual-espacial y lógico-matemática
				13	13	13	13	visual-espacial y lógico-matemática
				14	14	14	14	visual-espacial y lógico-matemática
15	15	15	15	15	15	15	15	todas
						16		todas
				17	17	17	17	17	lógico-matemática
				18	18	18	18	18	lingüístico-verbal, visual-espacial y cinético-corporal
				19	19	19	19	19	interpersonal, lingüístico-verbal, visual-espacial y cinético-corporal
		20	20	20	20	20	20	20	lógico-matemática
				21	21			lingüístico-verbal y lógico-matemática
		22	22	22	22	22		lingüístico-verbal e interpersonal
				23	23			lingüístico-verbal e interpersonal
24	24	24	24	24	24	24	24	lingüístico-verbal y cinético-corporal
				25	25	25	25	25	musical y lingüístico-verbal
				26	26	26	26	26	visual-espacial
		27	27	27	27	27	27	cinético-corporal y musical
		28	28	28	28			interpersonal y visual-espacial
				29				visual-espacial y lógico-matemática
				30	30	30	30	30	musical, visual-espacial y cinético-corporal
			31	31	31	31	31	31	musical, visual-espacial y cinético-corporal
				32	32	32	32	interpersonal e intrapersonal
			33	33	33	33	33	33	interpersonal
				34				lingüístico-verbal
							35	lingüístico-verbal y lógico-matemática
				36	36	36	36	lógico-matemática y cinético-corporal

TABLA DE CONTENIDOS

PRINCIPIANTE	POST PRINCIPIANTE	ELEMENTAL	INTERMEDIO BAJO	INTERMEDIO	INTERMEDIO AVANZADO	INTERMEDIO ALTO	AVANZADO	IM TRABAJADAS
	37	37	37	37				lingüístico-verbal, intrapersonal e interpersonal
	38	38	38	38				interpersonal, lingüístico-verbal, visual-espacial o musical
		39	39	39	39	39		lógico-matemática, interpersonal e intrapersonal
		40						lingüístico-verbal e interpersonal
		41	41	41	41	41		intrapersonal e interpersonal
		42	42					lógico-matemática, interpersonal e intrapersonal
		43	43					intrapersonal e interpersonal
	44	44	44	44	44	44	44	cinético-corporal
			45					lógico-matemática y visual-espacial
		46	46	46	46	46		musical e interpersonal
		47	47	47	47	47		lógico-matemática y visual-espacial
	48	48	48	48				lógico-matemática, interpersonal e intrapersonal
			49	49	49			lingüístico-verbal, visual-espacial y cinético-corporal
		50	50	50	50	50	50	interpersonal
	51	51	51	51	51	51		lingüístico-verbal y visual-espacial
			52					lingüístico-verbal, intrapersonal e interpersonal
		53	53	53	53	53		intrapersonal e interpersonal
				54	54	54		cinético-corporal y visual-espacial
		55	55	55	55	55		intrapersonal y visual-espacial
	56	56	56	56	56	56		intrapersonal
	57	57	57	57				lingüístico-verbal, lógico-matemática e intrapersonal
58	58	58	58	58	58	58	58	lingüístico-verbal, musical e intrapersonal
		59	59	59	59	59		intrapersonal e interpersonal
		60	60	60	60	60	60	intrapersonal e interpersonal
			61	61	61	61		intrapersonal e interpersonal
			62	62	62	62		intrapersonal e interpersonal
			63	63	63			intrapersonal y visual espacial
			64	64	64	64		lingüístico-verbal, intrapersonal e interpersonal
			65	65	65	65		lingüístico-verbal, lógico-matemática, interpersonal e intrapersonal
			66	66	66	66		lingüístico-verbal e intrapersonal
			67	67	67	67		intrapersonal e interpersonal
			68	68	68	68		intrapersonal e interpersonal
			69	69	69	69		lingüístico-verbal y lógico-matemática
			70	70	70	70		intrapersonal
			71	71	71	71		intrapersonal e interpersonal
			72	72	72	72		intrapersonal e interpersonal
			73	73	73	73		lingüístico-verbal e intrapersonal